Bist du jetzt glücklich?

Chronik einer dreijährigen Achterbahnfahrt mit drei nicht registrierten Vermögensverwaltern
(mit Einsicht in Mails, Briefe und Dokumente)

von Michael Meyer

IMPRESSUM

Titel: Bist du jetzt glücklich?
Autor: Michael Meyer
Jahr: 2019
Druck & Vertrieb: tredition GmbH
Ort: 22359 Hamburg
Umschlagfoto: adpic Bildagentur

ISBN   978-3-7482-5985-5 (Paperback)
                  978-3-7482-5986-2 (Hardcover)
                  978-3-7482-5987-9 (e-Book)

Inhalt

Teil I

Einleitung

Im Internet drohen Gefahren, das weiß heute jedes Kind. Nicht nur im sog. Darknet, in dem – wie der Name schon nahelegt – Spuren von Anbietern und Nutzern verwischt werden, damit die Personen im Dunkeln bleiben und man sie nicht zurückverfolgen kann. Dieses Darknet gedeiht prächtig, wenn man den Beobachtern glauben darf. Während dort mit Drogen, gefälschten Kreditkarten und Pässen, natürlich auch mit Waffen, Munition und legal kaum zu beschaffender Soft- und Hardware gehandelt und sogar Menschenhandel betrieben wird, tummeln sich auch im «normalen» World Wide Web unzählige schwarze Schafe, so auch Finanzakrobaten und -schwindler, die ihre Anleger mit besonders tiefen Kosten, vor allem aber auch mit bestechenden Gewinnen und weiteren Versprechen in ihre Netze locken. In der Regel organisieren sich diese Broker und Vermögensverwalter in wohlklingenden Organisationen. Deren Zahl geht in die Tausende.

*

Mike, ein Typ wie Voltaires Candide, kämpfte drei Jahre lang mit einer Reihe hochrangiger Manager solcher Organisationen sowie mit sich selbst und beobachtete und dokumentierte deren Aktivitäten, ohne bis zum Schluss zweifelsfrei zu wissen, ob diese mit ihm ein Katz- und Maus-Spiel veranstaltet hatten oder nicht, auch wenn sich die Anzeichen für die erste Variante im Verlauf der Aktionen immer mehr verdichteten. Im Folgenden berichtet er über seine Erfahrungen, wie ihm immer wieder ausgeklügelte und natürlich hoch rentable Geschäfte angeboten und er in langen Telefongesprächen zu Geldüberweisungen überredet werden sollte und auch wurde. Er beschreibt das Vorgehen zum Teil akribisch, zeigt die (teilweise nicht mehr aufgeschalteten) Websites der Firmen, nennt die Namen und Koordinaten seiner »Berater« und ihrer Banken. Er weiß selbst nicht, ob ihre Namen echt sind oder nicht, auch wenn er von letzterem ausgeht. Doch er ist sicher, dass derjenige, der das – professionell geplante und überaus geschickte – Vorgehen dieser Leute und Organisationen kennt, dieses frühzeitig durchschaut und somit rasch überzeugt ist, auf eine »Achterbahnfahrt«, wie Mike sie erlebt hat, lieber zu verzichten.

Mike hat sie erlebt, die Wechselbäder der Gefühle, die ihn am Tag wie in der Nacht heimsuchten. Er hat den Sprung von der tiefen inneren Überzeugung, es mit kompe-

5

tenten und ehrlichen Anlageprofis zu tun zu haben, zur Panik-Attacke, doch leichtsinnig gehandelt und einem Team mit perverser krimineller Energie aufgesessen zu sein, mehrfach erlebt und hat lange gebraucht, sich definitiv loszusagen. Dieser Prozess dauerte – wie erwähnt – etwa drei Jahre und kostete ihn nicht nur viele Nerven und Arbeit, vor allem auch viel Geld, u.a. einen Teil seiner Altersvorsorge.

Dabei ist Mike kein naiver Träumer, hat selbst Erfahrungen an der Börse gesammelt und sich über die Methoden der schwarzen und grauen Schafe unter den Anlageberatern regelmäßig informiert. Deshalb hat er fast vom ersten E-Mail und Dokument an, das ihm zugestellt wurde, alles archiviert. Etwas später zeichnete er – wann immer das möglich war – auch die Telefongespräche auf – sozusagen für seine eigenen Ausbildungszwecke –, um die Argumente der Gesprächspartner besser zu verstehen, aber auch um ihre Stimmen zu dokumentieren. Nach und nach kam er zum Schluss, er dürfe die Sache nicht einfach auf sich beruhen und die Leute, mit denen er zahllose Telefongespräche geführt, noch mehr Mails ausgetauscht und denen er einen erheblichen Betrag an Geld hat zukommen lassen, denen er zudem jede Menge schlafloser Nächte zu verdanken hatte, ungehindert weitermachen und weitere Zeitgenossen ausnehmen lassen. Also entschloss er sich, seine Geschichte publik zu machen und Ross und Reiter zu nennen, die wichtigsten psychologischen Methoden, auf denen das Ganze basiert, zu erläutern und natürlich Dokumente (wenn man die so nennen darf), wie sie in dieser Liga offensichtlich typisch sind und von verschiedenen Mitspielern eingesetzt werden, zu präsentieren.

Die folgende Chronik fasst vor allem die Abläufe der Gespräche sowie die Prozesse und Methoden zusammen, die Mike zu immer neuen Geldüberweisungen verführen sollten. Diesem bleibt im Nachhinein nichts anderes übrig, als seinen Gesprächspartnern durchaus Kreativität hinter ihrem «Business Modell» und aus deren Sicht eine gewinnende Inszenierung einzugestehen. Auch die Organisation inkl. Aufgabenverteilung im Team sowie ihre Argumentation in Form von (meist) zuvorkommenden, wortgewandten und sachkundigen Formulierungen hinterließen bei Mike einen professionellen Eindruck. Aufgefallen ist Mike aber auch, dass seine Ansprechpersonen im Unternehmen nach einer gewissen Zeit ausgewechselt wurden, um bis dahin aufgelaufene Fragen und Kritikpunkte mit neuem Goodwill anzupacken oder aber unter den Teppich zu kehren. Mike selbst hat mit 13 Personen der drei Organisationen via Mail und/oder Telefon persönlich Kontakt gehabt. Von nachhaltiger Beratung konnte da keine Rede sein.
Rückblickend kann sich Mike noch immer nicht erklären, warum er immer wieder beachtliche Beträge von Euros oder Dollars an – im Nachhinein – schon auf den

ersten Blick zweifelhafte Empfänger und ebensolche Banken überwiesen hat. Die Sucht nach dem schnellen Geld? So einfach war das nicht, ist er nach reiflicher Überlegung und vielen Diskussionen überzeugt. Doch ohne Hoffnung auf einen Zusatzverdienst wäre er auf die folgenschwere Anfrage gar nicht erst eingegangen. Da besteht kein Zweifel. Ein anderer Grund – so seine Überzeugung – war die Erkenntnis, dass er zuvor mit eigenen Geschäften an der Börse alles andere als gute Erfahrungen gemacht und schon dabei Lehrgeld bezahlt hatte. (Zu) oft verloren in den Medien hochgejubelte Aktien, Fonds und ETFs nach einer anfänglich erfreulichen Entwicklung rasch wieder an Wert und er reagierte häufig zu spät, weil er sich nicht ständig mit seinen Wertpapieren beschäftigt hatte und das auch nicht wollte. Die Hoffnung, diese Verluste eines Tages mit besseren Geschäften zu egalisieren, dürfte mitgespielt haben. Zudem hatten die vor und nach der Finanzkrise aufgedeckten Skandale der Finanzindustrie die Reputation der Banken sowie sein Vertrauen in die Institute arg strapaziert, zumal die horrenden Verluste, die dadurch entstanden, zum erheblichen Teil – ungefragt – mit dem Geld der Aktionäre (Dividenden, Kurse und Wert der Papiere, den Einfluss auf Pensionskassen nicht vergessen!) beglichen wurden. Hinzu kam, dass sich Mike vor seiner Pensionierung von seiner Frau getrennt hatte, was ihn finanziell arg strapazierte. Nach all dem war er – kurz gesagt – offen für neue Wege und Erfahrungen und hoffte, so seine Finanzen auf Vordermann zu bringen. Welche Folgen das für ihn haben sollte, ahnte er anfangs allerdings nicht.

WARREN GLOBAL GROUP

Am Start mit John Spence

Es war im Frühjahr 2015. Mike sitzt an seinem Schreibtisch und bearbeitet ein Konzept für eine neue Unternehmenspublikation. Corporate Publishing, in diesem Umfeld verdiente er als Freiberufler damals sein Geld. Das Telefon klingelt. Am anderen Ende der Leitung meldet sich ein Vertreter eines – wie er betont – erfolgreichen und ehrgeizigen Finanzberatungsinstituts auf der Suche nach neuen und vor allem langjährigen Kunden. Sein Name *John Spence*, seines Zeichens Account Manager der WARREN GLOBAL GROUP. Die Präsentation erfolgte in Englisch, das Display des Telefons zeigte +852, die Vorwahl der ehemals britischen Kronkolonie Hong Kong. Ob er die Dienste kurz vorstellen dürfe, fragte John höflich und in gut verständlichem Englisch. Er durfte. Mike wurde rasch klar, dass der Ablauf des (Verkaufs-)Gesprächs einstudiert war. Es verlief nach Drehbuch. Doch lässt das die Alarmglocken bereits schrillen? Bei Mike jedenfalls nicht, denn das ist heute überall das Gleiche, zumal wenn ein Call Center eingeschaltet ist, was hier wohl nicht der Fall war (im Hintergrund war es zumindest mäuschenstill), doch dass trotzdem mit Hochdruck akquiriert wurde, darf als sicher gelten. Nach der Präsentation hinterließ das Gegenüber einen sympathischen und durchaus kompetenten Eindruck. Und auch die Tatsache, dass sich der Anrufer aus Hong Kong meldete, machte die Sache für Mike eher spannend als dubios.

Zum Schluss des Gesprächs wurde Mike auf sein finanzielles Potenzial und sein bevorzugtes Risiko-Niveau als Anleger angesprochen. Man werde ihm einen Fragebogen zustellen, in dem er seine Vorstellungen festhalten könne, erläuterte *John Spence* das Vorgehen, um ihm anschließend zum Einstieg und zur Eröffnung eines Kontos noch den Erwerb einer Anzahl vergünstigter Aktien von Nvidia, einem Mike durchaus bekannten börsenkotierten US-Unternehmen, vorzuschlagen.

Noch war nichts definitiv vereinbart, noch kein Euro oder Dollar überwiesen. Ein Schritt zurück wäre problemlos möglich gewesen. Doch Mike witterte eine Chance. Von Skepsis keine Spur. *John Spence* hatte ihn in seinen Bann geschlagen. Schon wenig später erhielt er die versprochenen Unterlagen per Mail: eine kurze Investment History der Gruppe, ein Formular zur Eröffnung eines Kontos/Depots (Account Application Form) * inkl. Angaben über das eigene finanzielle Potenzial, die eigenen Investitionserfahrungen etc. Auch ein Quartalsreport (inkl. Strong-Buy-Kommentar) zu Nvidia, dessen Aktien ihm zum Kauf angeboten wurden, war dabei. Darin wurden die exzellenten Entwicklungschancen dieses kalifornischen Konzerns aufgrund seiner bisherigen Dynamik skizziert. Formuliert worden war der Text von der Beratungsgruppe im Sinne einer – wie es hieß – allgemeinen Veröffentlichung. Der Report sei nicht als Ratschlag für ein Investment zu verstehen. Vor einem solchen Entscheid solle man sich an einen der Berater des Hauses wenden, die an immerhin vier namhaften Orten (Hong Kong, Shanghai, Taipei und Tokyo) anzutreffen seien. Die entsprechenden Adressen und Telefonnummern waren aufgeführt.

In einem separaten Schreiben erläuterte *Marvin Stanley-Chen*, CEO der Warren Global Group und Chairman of the Investment Committee, anhand zweier Beispiele die Anlagestrategie und die Erfolge seines Teams im vergangenen Jahr und unterstellt mehr ex- als implizit, daß sich der Erfolg im laufenden Jahr fortsetzen werde. Entscheidend für den Erfolg seines Unternehmens seien Research, Analyse

---

* Eine Auswahl dieser Dokumente wird in Teil III gezeigt.

und Strategie, denen sehr viel Zeit (und damit Geld) eingeräumt werde. Die WAR-REN GLOBAL GROUP gebe sich nicht damit zufrieden, ihre Kunden mit im Markt erzielten Durchschnittserträgen zufriedenzustellen. Sie seien ständig bemüht, den Markt zu schlagen und die Erwartungen ihrer Kunden zu übertreffen. Auf Mike wirkten diese Beteuerungen hochtrabend, aber durchaus typisch für Anlageberater. Dennoch wollte er sich noch weiter absichern, bevor er ein Konto eröffnen und Kunde der Gruppe werden wollte. Also klickte er die Website der Firma an, um sein Bild derselben zu erweitern. Er wurde nicht enttäuscht. Die Site war sauber und übersichtlich gestaltet, die Inhalte zwar sehr allgemein gehalten und aus Sicht eines Investors alles andere als erschöpfend, aber insgesamt springt Mike spontan

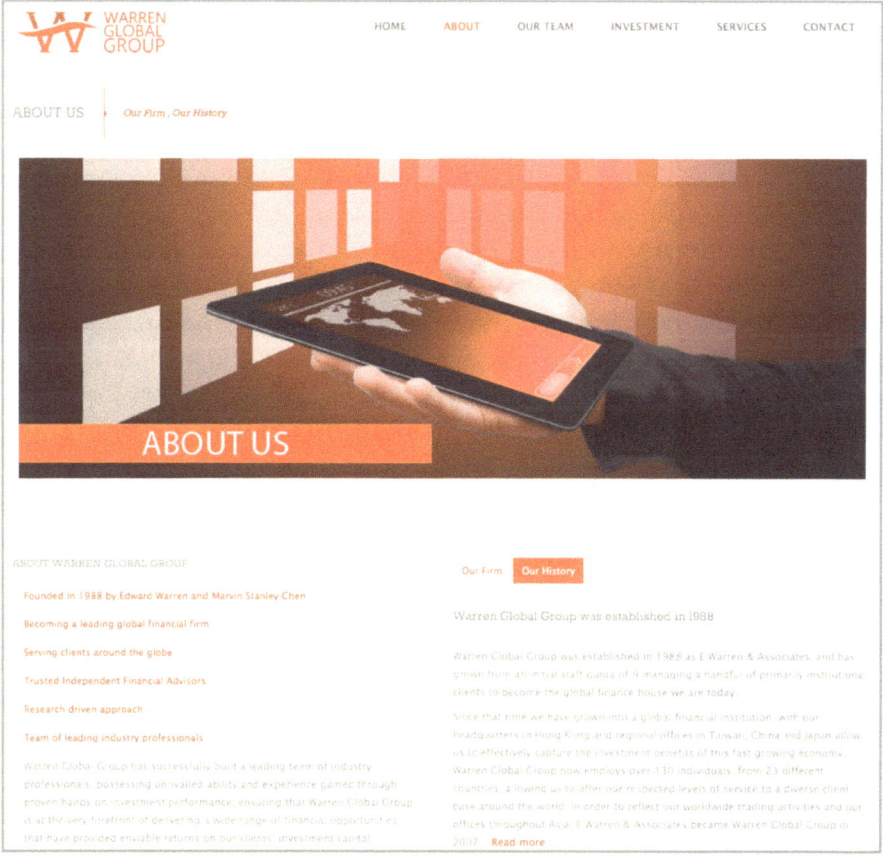

Eine Website eignet sich bestens, um sich überzeugend darzustellen. Wer kommt da schon auf die Idee, dass da etwas faul sein sollte?

kein Hinweis ins Auge, das Angebot auf sich beruhen zu lassen und den Kontakt abzubrechen. Im Gegenteil, er entschließt sich, ein Konto zu eröffnen und 2000 Nvidia-Aktien à 20.58 US-Dollar zu erwerben.

Als er seinem Berater *John Spence* den Entschluss in einem neuerlichen Telefongespräch mitteilt, lässt dieser ihm umgehend ein Mail mit den Remittance Instructions zustellen, d.h. mit allen nötigen Angaben über den Begünstigten, dessen Bank und Bankkonto, natürlich auch über den Betrag, den er – in Dollar oder in Euro – zu überweisen hat, um in den Besitz der Nvidia-Aktien zu gelangen. Diese PDFs vor Augen wird Mike zum ersten Mal misstrauisch, vor allem als er den Namen der begünstigten Firma sieht, an die er das Geld überweisen soll. Es ist nicht das Beratungsunternehmen selbst, sondern eine völlig beliebige Firma namens Pro-Nice Limited. Der Name der Bank, HSBC, ist ihm zwar geläufig, doch die Filiale liegt in Hong Kong, während das Unternehmen Pro-Nice Limited in einem Distrikt angrenzend an Shenzhen liegt. Beide sind für Mike somit unerreichbar. Doch ist das in unserer globalisierten Welt wirklich suspekt? Bei Mike überwiegte nach wie vor die positive Erwartung. Er machte also weiter und überwies 41'571.60 US Dollar und mailt umgehend die entsprechende Bestätigung seiner Bank nach Hong Kong. Nur wenig später bedankt sich Allocation Manager *Henry Miller* bei ihm für die Zustellung, sie hätten diese sehr geschätzt. Und wenig später treffen dann auch eine Trade Confirmation und eine Stock Purchase Confirmation, also eine Bestätigung, daß sein Konto nun ausgeglichen sei und sich seine Aktien im Portfolio befänden, per Mail bei ihm ein. Die gesamte Kommunikation erfolgt via Mail oder Telefon. Der Vorteil, es geht alles sehr rasch und ist kostengünstig. Der Nachteil (in diesem Fall für Mike), Telefonnummern und E-Mail-Adressen lassen sind ohne weiteres frei erfinden und werden keinesfalls immer (offiziell) kontrolliert und registriert. Die Rückverfolgung im Fall von Komplikationen oder einer juristischen Auseinandersetzung kann unter Umständen schwierig bis unmöglich werden, weil die Verantwortlichen dahinter nicht ausfindig gemacht werden können. Mike ist sich dieses Sachverhalts durchaus bewusst. Um sicherzugehen, wendet er sich an einen Anwalt, der sich mit Anlagebetrug und Internet Scam auskennt. Seine Antwort ist klar und unmissverständlich: Die Warren Global Group sei im Handelsregister Hong Kong nicht aufgeführt, der Domainname sei über den US-Webdienst Godaddy registriert und nicht von der Warren Global Group selber. Auch die Firma Pro Nice Limited, an die die Zahlung erfolgte, sei nicht am angegebenen Standort registriert, hält der Anwalt auf Mikes Anfrage fest. Zudem bestätigte er, was Mike schon ahnte: Die Firmenadresse dürfte virtuell sein, also nur auf dem Computer existieren; auch die Telefonanschlüsse seien nicht zurückzuverfolgen, da die Berater wohl über das Internet (VoIP) telefonieren und beliebige Telefonnummern auf die Displays ihrer Empfänger zaubern könnten. Mike ist ernüchtert, hat aber eigentlich nichts anderes erwartet. Die für ihn kritische Frage war damit aber nicht beantwortet:

- Sind die Berater und ihre Organisation, mit denen er bislang zu tun hatte, so kriminell, daß sie das von ihren »Klienten« überwiesene Geld behalten, ohne es – wie vereinbart – für den Ankauf der Wertpapiere zu verwenden, oder nutzen sie ihre fehlende Registrierung und Kontrolle und damit auch ihre Steuerfreiheit dazu, ihre Beratungsaktivität und Geschäfte zwar ohne öffentliche Kontrolle aber sonst »normal« und zum Vorteil ihrer Kunden auszuführen?

Mike war fest davon überzeugt, dass Letzteres der Fall ist.

Mit Michael Belmonte auf die Achterbahn

Kurze Zeit nachdem Mike Nvidia-Aktionär geworden war, meldete sich plötzlich ein neuer Vertreter des Hauses bei ihm, *Michael Belmonte*, seines Zeichens Chief Investment Officer der Warren Global Group. Bisher hatte er nur mit einem Account und einem Allocation Manager gesprochen. Jetzt hatte man wohl ein Auge auf ihn geworfen, und eine höhere

Charge beauftragt, sich um ihn zu kümmern. Auch er sprach ein sauberes und beinahe druckfähiges Englisch, ohne auffälligen ausländischen Unterton, wie man es in bestimmten Kreisen hätte vermuten können. *Belmonte* hatte ein konkretes Anliegen: Die vor kurzem noch so hoch beworbenen Nvidia-Aktien würden, das hätten ihre Analysen gezeigt, die erhoffte Entwicklung wohl doch nicht so rasch realisieren, weshalb er seinen Klienten rate, sie wieder zu verkaufen und den Betrag besser über einen Hedgefonds in ein innovatives Unternehmen, das den Weg an die Börse anstrebe, zu investieren. Dieses Investment, so *Belmonte*, sei abgesichert, es bestünde also kein Risiko, vielmehr würde man damit eine interessante Hebelwirkung und einen überdurchschnittlich hohen Gewinn erzielen, sobald das Going Public abgeschlossen sei. Dass eine solche Beteiligung eigentlich nur für institutionelle und Großanleger in Frage kommt, das erwähnte der CIO nicht und dessen war sich Mike zu dieser Zeit auch nicht bewusst.

Dennoch war Mike, der sich an solchen Geschäften selbst nie beteiligt hatte und sie nur aus Zeitungsberichten kannte, von daher aber wusste, welche Gewinne dort möglich waren, verunsichert, vor allem weil für den Einstieg in das Geschäft zusätzliche Mittel angewiesen werden sollten, da aus dem Verkauf der 2000 Nvidia-Aktien nur 41'120 Nano-Anteile (à 1 US Dollar) finanziert werden konnten, es aber 50'000 solcher Papiere brauchte, um bei dem lukrativen Geschäft mit dabei zu sein. Klar, die Rendite lockte, doch die Skepsis wuchs. Mike entschließt sich, vorerst kein weiteres Geld in die weite Welt zu schicken.

Er teilte dem CIO per Mail mit, dass er nach dem Verkauf der Nvidia-Aktien die Repatriierung der Erlöse erwarte und dass er keine weiteren Mittel investieren werde. Groß verunsichert hatte er sein Gegenüber mit dieser Aufforderung allerdings nicht. Denn kurz darauf rief *Belmonte* unbeeindruckt zurück und fragte, was denn schiefgelaufen sei. Er versuchte, Mike zu überzeugen weiterzumachen. Doch Mike blieb hart und überwies kein Geld, obwohl er nicht wusste, welche Risiken er damit einging. Sollte er besser damit rechnen, Geld und Hoffnung zu verlieren? Eine Rückzahlung aus dem bestätigten Verkauf der Nvidia-Papiere war (bis dahin) jedenfalls nicht eingegangen.

Hingegen traf wenig später eine Mail mit einem Statement of Account sowie einer neuen Zahlungsanweisung ein. Mike fühlte sich überrumpelt und schrieb zurück: Er zahle erst, wenn ein Teil seines Geldes zurück auf seinem Konto sei oder wenn er eine Bankgarantie für seine Einzahlung erhalte.

Ein paar Tage später erhält er die Bestätigung, dass seine Nvidia-Aktien leicht unter Ankaufspreis verkauft wurden und der Betrag in Nano-Aktien investiert worden sei. Dann meldet sich der Chief Investment Officer bei Mike und teilt ihm empört mit, dass es keine Bankgarantie geben werde, diese machten bei Anlagegeschäften überhaupt keinen Sinn. Vielmehr setzte er Mike unter Druck, indem er ihn wissen liess, dass ein Schritt zurück, also ein Verkauf der Nano-Papiere, nicht ohne weiteres möglich sei und dass das Geschäft platzen und er sein investiertes Geld verlieren könne, wenn er auf das Angebot nicht eingehen und den Restbetrag zum Erwerb der Aktienanteile nicht zahlen werde. Mike ließ sich überreden und überwies 8'928.40 US-Dollar an eine Kings Sun Limited in Macao, um damit die für weitere Geschäfte verlangten 50'000 Anteile an der Nano MediTech sicherzustellen. Doch damit hatte er das Interesse seiner Freunde wohl erst so richtig angeheizt. Da ist jemand, der zahlt, wenn man ihn nur so richtig bearbeitet. Doch zu dieser Erkenntnis hatte sich Mike seinerzeit noch nicht durchgerungen.

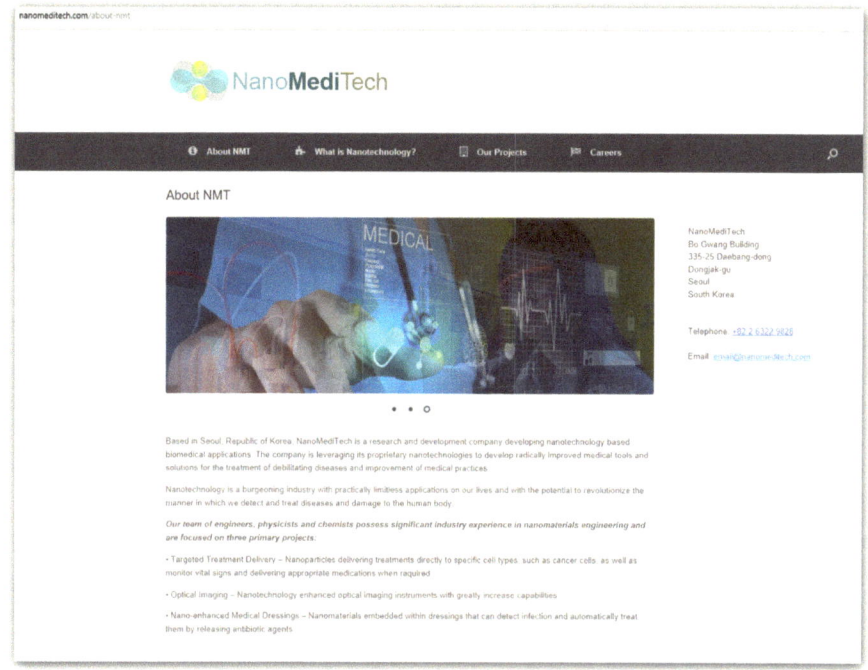

Eine Website eignet sich bestens, um sich überzeugend darzustellen. Wer kommt da schon auf die Idee, dass da etwas faul sein sollte?

Er war nicht einmal überrascht, als nur eine Woche nach der Bestätigung seiner letzten Überweisung (Funds Received and Cleared) eine neue Remittance Instruction über 15'000 Euro für ein *Cash Deposit* bei ihm eintraf. Das werde benötigt, um seine Aktien während des Going Public Prozesses von Nano abzusichern, hatte ihm Michael Belmonte erläutert. Verstanden hatte Mike das nicht, deshalb hinterfragte er die Forderung in einem Mail an den CIO: Er habe die direkt nach dem Gespräch in Auftrag gegebene Anweisung wieder gestoppt, schrieb er und werde den Auftrag erst dann freigeben, wenn er von ihm oder *Ann Scott* von den Client Services ein schriftliches Statement zum *Cash Deposit* erhalten habe. Die Begründung, dass diese für die Bezahlung von Gebühren etc. verwendet werde, habe ihn aufgrund der Relation zu den bisher überwiesenen Beträgen nicht überzeugt. In seinem Mail wollte er zudem wissen, wann der Nano-Deal endlich über die Bühne ginge. Gemäß früheren Ankündigungen hätte das bereits der Fall sein sollen. Nur einen Tag später gibt Mike die Überweisung von 16'500 US Dollar dann doch frei. Warum, das konnte er später auf Basis seiner Dokumentationen nicht mehr im Detail nachvollziehen. *Michael Delmonte* hatte ihn auf alle Fälle nochmals kontaktiert und versichert, dass mit der Zahlung die Voraussetzung für die erfolgreiche Abwicklung des NANO-Deals für ihn gegeben sei. Er hatte Mike am Telefon einmal mehr überzeugt, daß es sich lohnen sollte, weiterhin mitzumachen. Dann wurde es ruhiger um ihn und die WARREN GLOBAL GROUP und Mike sollte bald den Grund dafür erfahren.

THE STERLING GROUP INTERNATIONAL

Belmonte winkt mit der Inkassoagentur

Gut drei Wochen später – es war Mitte August 2015 – findet Mike ein Schreiben der STERLING GROUP INTERNATIONAL (SGI) aus Tokyo in seiner Mailbox sowie ein Statement of Account ebendieser Firma, in dem seine 50'000 Nano Anteile sowie sein *Cash Depot* von 15'000 Euro bestätigt werden. Nur der Briefkopf hatte sich auf dem Papier von WARREN GLOBAL GROUP zu THE STERLING GROUP INTERNATIONAL geändert. Mike wird als geschätzter Klient der (für ihn neuen) Gruppe begrüßt, die sich selbst als eine der führenden international tätigen Investment Boutique Banken darstellt. 2004 gegründet würde sie, so hieß es, heute sämtliche von namhaften Mittelstandsunternehmen, institutionellen Händlern und High-Net-Worth-Individuals gewünschten Finanzdienstleistungen anbieten. Die Website ließ keine Zweifel offen, dass sich Mike als Klient bei ihnen in allerbesten Händen befand.

Auch eine neue Visitenkarte seines Beraters *Michael Belmonte*, wiederum als Chief Investment Officer eingestuft, fand er in der Anlage. Als Begründung für seinen Wechsel gab Belmonte ihm in einem langen Telefongespräch die Übernahme der WARREN GLOBAL GROUP durch die SGI an. Damit seien auch die Klienten übernommen worden, und diese würden nun von der SGI betreut. Eine gute halbe Stunde nahm sich der Berater Zeit für das neuerliche Gespräch mit Mike und begann mit einem Exkurs über persönliche Aspekte. Er fragte Mike zuerst belanglos scheinende Dinge, wie das Wetter bei ihm sei oder ob er verheiratet sei und Kinder habe. Mikes Antworten nahm er offensichtlich mit Interesse entgegen, um dann über seine eigene Person Auskunft zu erteilen: Er sei Amerikaner und schon seit Jahren

STERLING
GROUP INTERNATIONAL

Shinjuku Center Building
1 Chome-25-1
Nishishinjuku
Shinjuku-ku
Tokyo 160-023
Japan

Michael Belmonte
Chief Investment Officer

michael.belmonte@thesterlinggroupinternational.com

TEL: +81 3 6745 5309
www.thesterlinggroupinternational.com

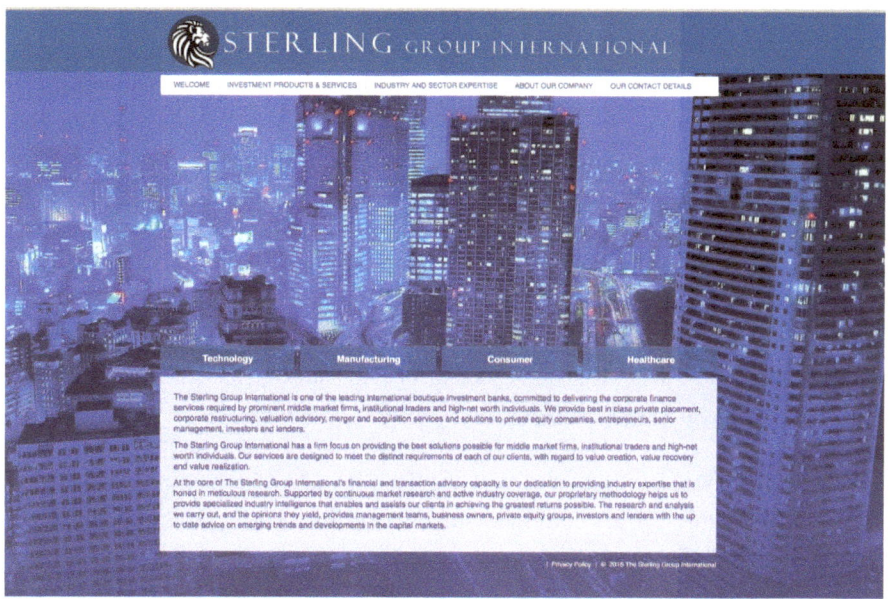

The Sterling Group International stellte sich als international führende Boutique Investment Bank vor mit klarem Fokus auf verschiedene Wirtschaftssektoren.

im Finanzwesen unterwegs, dann erzählte er von seiner Frau, die Schwedin sei, und von seinen zwei Töchtern, von denen eine gerade ein Studium in Yale begonnen habe und auf die er sehr stolz sei. Erst nach dieser Vertrauen bildenden Einleitung kam er zum Geschäft und zu den ungeklärten Fragen.

Er wolle Mike die aktuelle Situation und damit die offene Forderung in Höhe von 36'501.30 US-Dollar erläutern, die Mike kürzlich zwar erhalten, aber nicht beglichen hatte, zumal ihm die Begründung völlig schleierhaft war. Er werde alles Punkt für Punkt mit ihm durchgehen, so *Belmonte*, damit er alles verstehe. Am besten, er schreibe sich alles auf. Und Mike lauschte und schrieb: Er habe inzwischen 67'300 Dollar investiert, für Nano und für das *Cash-Deposit*. Sein Ertrag nach Abschluss des Deals werde sich auf 109'906.50 Dollar belaufen. Dieser Betrag werde ihm am Ende des Tages ausgezahlt. Immer wieder schob *Belmonte* ein »korrekt?« ein, damit Mike sein Einverständnis geben konnte, und hier und da die Frage: »Are you happy now?« Natürlich wäre Mike happy gewesen, wenn er sicher gewesen wäre, das Geld wirklich zu erhalten. Denn bevor er seinen Gewinn von 42'606.50 Dollar auf seinem Konto erwarten durfte, standen erwähnte Zahlungen, durchwegs für Gebühren (fees) an, die *Belmonte* ihm nun im Detail erläuterte: Eine »wire fee« von pauschal 35 Dollar, war die kleinste, dann eine Kommission von einem Prozent auf den auszuzahlenden Betrag, also 1099 Dollar sowie eine Management-Gebühr von zwei Prozent auf dem investierten Betrag, das waren 1346 Dollar. Hinzu kam eine Erfolgsbeteiligung für *Belmonte* selbst in Höhe von 20 Prozent des Gewinns, also 8521 Dollar. Das war aber noch nicht alles, denn es folgten noch eine Escrow-Gebühr – pauschal 7500 Dollar – sowie die Gebühren für die Bank in Höhe von 9'750 Dollar und die Clearing fee von 8250.- Dollar. Alles zusammen ergab das die Forderung in Höhe von 36'501.- Dollar, die grundsätzlich vor der Auszahlung des Gesamtertrags zu begleichen sei. Dass nach dem Abzug dieser Gebühren der von ihm so hoch gepriesene Gewinn von 42'606 Dollar danach auf gut 6'000 Dollar schrumpfen würde, erwähnte *Belmonte* mit keinem Wort. Mike hatte ohnehin keine Ahnung, ob derart hohe Gebühren für Escrow, Bank und Clearing korrekt waren. Ihm schien es zu viel des Guten.

Immerhin hatte *Belmonte* verstanden, dass Mike ihm das Geld in keinem Fall vor der Überweisung seines Ertrags anweisen würde. Nochmals 36'000 Dollar riskieren, das war Mike zu viel des Guten. Bei ihm kam hinzu, dass er – ein Jahr vor dem Ruhestand als Freiberufler – einen wichtigen Kunden verloren hatte und er das dadurch entstandene Loch in seinem Verdienst bislang nicht stopfen konnte, während seine Verpflichtungen (u.a. gegenüber seiner Ex-Frau) bis zur Pensionierung ungekürzt weiterliefen. Mike hatte dem CIO von all diesen Aspekten offen Auskunft erteilt und ihn aufgefordert, einen Weg zu suchen, wie Mike die Gebühren nach dem Abschluss des Deals oder seinetwegen auch parallel zur Auszahlung überweisen könne. *Belmonte* mimte denn auch Verständnis, als er ihm anbot, die Zahlung gestaffelt zu tätigen, einen Teil vor, einen nach der Anweisung seines Ertrags: In einem ersten Anlauf reduzierte er die Vorauszahlung auf zusammen 18'000 Dollar. Als Mike damit immer noch nicht einverstanden war, kam er ihm noch einen weiteren großen Schritt entgegen: Mike solle 5'600 Dollar bis Ende Woche, die restlichen 30'901 Dollar bis Ende Monat – dann sollte er sein Geld auf dem Konto haben – überweisen. Doch dann war Mike mit diesem Lösungsvorschlag noch immer nicht zufrieden. Er wollte kein Risiko eingehen und alles erst dann bezahlen, wenn er das Geld von der SGI erhalten hatte. Doch darauf wollte sich Belmonte in keinem Fall einlassen, deshalb versuchte er, erneut Druck aufzubauen: »Wenn du nicht glaubst, dein Geld zu bekommen, dann zahle nicht, mein Freund«, flüsterte er mit drohendem Unterton ins Telefon, nachdem ihm Mike nochmals seine Skepsis gegenüber seiner nicht registrierten Organisation vorgehalten hatte. »Wir sind ein Hedgefonds, und kein Hedgefonds ist registriert. Wenn du uns nicht vertraust und nicht mit uns zusammenarbeiten willst, dann lass' es bleiben. Ich werde dann nicht mehr mit dir zusammenarbeiten. Du investierst keine Zeit mehr in solche Gespräche, ich investiere keine Zeit mehr dafür. Doch tue mir einen Gefallen«, fuhr er fort, »wenn du nicht zahlst, dann lass bitte das Allocation Department aus dem Spiel, denn wenn ich einen Deal bearbeite, ihn aber nicht abschließe, drückt das meine Erfolgsstatistik und damit meinen Bonus.« Damit hatte er den Weg zum positiven Gesprächsaufbau immerhin wiedergefunden. »Alles was wir benötigen, ist etwas Vertrauen. Von Gentleman zu Gentleman verspreche ich dir zu hundert Prozent, du wirst dein Geld erhalten. Aber sag' mir jetzt, wann du zahlen wirst. Die erste Tranche von 5600 Dollar bis Freitag, den Rest bis Ende Monat?« Trotz großer Zweifel konnte Mike das Angebot nicht weiter ablehnen und stimmte zu. »O.k. Mike, du bist zu hundert Prozent sicher, dass du es tun wirst. Korrekt? Ich werde dir einen täglichen Update über den weiteren Verlauf liefern und meinerseits versprechen, dass du dein Geld ausbezahlt bekommst, Bruder.« Dieses Wort hatte Mike noch nie von *Belmonte* gehört. Ihm war klar, dass dieser den moralischen Druck auf Mike nochmals steigern wollte, damit Mike auch wirklich zahlt. »Ich bin sicher, dass du jetzt glücklich bist,« mit dieser Floskel schloss er das Gespräch ab, um Mike mit dem Allocation Department zu verbinden, das die vereinbarte Zahlung und den Zahlungstermin in einer neuen Remittance Instruction festhielt, welche Mike per Mail zugestellt wurde.

Mike hatte zwar zugesagt, den Zahlungsanweisungen Folge zu leisten, doch seine Zweifel hatten schon kurz nach dem Gespräch allen Versicherungen zum Trotz wieder Oberhand gewonnen. Allerdings war Mike noch immer nicht – oder sollte man sagen: einmal mehr nicht mehr – absolut sicher, dass allfällige Zahlungen seinerseits nicht doch die erhoffte Rückzahlung auslösen würden. Er hatte sich der Wirkung dieser eingangs so persönlichen Ausprägung des Gesprächs und all der Warnungen und Versprechen, die *Belmonte* hatte einfließen lassen, nicht entziehen können. Die Kopfwäsche hatte gewirkt.

Auf der anderen Seite gab es einen neuen Grund, dass Mikes Zweifel wuchsen. *Belmonte* hatte nach dem Gespräch (sicher versehentlich) eine Nummer mit skandinavischer Vorwahl (+46) auf Mikes Telefon-Display hinterlassen, nicht wie üblich, die +852 oder neuerdings +81. Eine Telefonbuch-Anfrage nach dieser Nummer führt zur Hauptnummer einer Thomas Miller Full Circle Financial Group. Das war wohl die Konsequenz der Tatsache, dass *Belmonte* (wie alle anderen aus dem Umfeld Warren Global oder SGI über Voice over IP telefonierten, wobei sie ihre eigenen Telefonnummern selbst kreieren oder unter nicht genutzten und nicht vergebenen Nummern auswählen konnten. Und beim letzten Anruf hatte er wohl vergessen, diese Nummer zu wechseln. Ein Anruf in Schweden brachte Mike indessen nicht wirklich weiter, aber immerhin über die Auskunft zur Auskunft, daß diese Unter-Nummer schon mehrfach angewählt worden, der Teilnehmer aber unbekannt sei. Eine Website zu diesem Namen fand er nicht.

Und dann passiert noch etwas Eigenartiges. Mike erhielt den Anruf eines weiteren Anlageberaters, dieses Mal der BLISTON ASSET MANAGEMENT. Mike, der längst angefangen hatte, Informationen und Daten zu sammeln und sich Hinweise und Auffälligkeiten der Argumentationen und Auftritte notierte, wurde stutzig und lauschte dem Akquisitionsvortrag des Vertreters *Daniel Friedman*. Ihm fiel dabei auf, dass der Wortlaut dieses Akquisitions-Monologs stark an den des ersten Beraters der WARREN GLOBAL GROUP erinnerte, den er noch immer in den Ohren hatte. Auch von BLISTON erhielt Mike einen Antrag auf Depoteröffnung mit ähnlichen Gestaltungsmerkmalen und Inhalten wie der, den er zuvor von der WARREN GLOBAL GROUP erhalten hatte. Mike hegte den Verdacht, dass beide Firmen kooperieren, die Betreiber gar identisch waren und nur unter anderem Namen auftraten oder *Friedman* sich aus dem WARREN-GLOBAL-Nachlass ein bereits vergebenes Konto ausgewählt hatte. Irgendwie musste er ja an Mikes Telefonnummer und E-Mail-Adresse gekommen sein. Einem Konkurrenten gibt man so etwas nicht unbedingt weiter. Mike eröffnete allerdings kein neues Konto, schickte kein Mail zurück und hielt den Kontakt auch nicht warm. Er hörte von dieser Seite auch nichts mehr, als ob sie gemerkt hätten, eine Adresse von zwei Seiten kontaktiert zu haben.

Mike teilte die neuen Sachverhalte wiederum seinem Anwalt mit, der ihn – kopfschüttelnd – erneut warnte, sich nicht weiter auf diesen Handel einzulassen. Er gehe davon aus, dass weder die Firmen noch die Personen, mit denen es Mike zu tun hatte, real unter den angegebenen Namen existierten. Die Firmen, denen Mike Geld angewiesen hatte oder dies noch tun sollte, waren an ihren Standorten nicht registriert. Wenn die Gesellschaften legitim wären, hätten sie eigene Bankkonten. Auch die Statements of Account der WARREN GLOBAL GROUP sowie der STERLING GROUP INTERNATIONAL seien keine verlässlichen Auszüge einer Depotbank sondern simple Computerausdrucke, die jedermann herstellen könne. Selbst die Website der SGI werde – wie die frühere der WARREN GLOBAL GROUP – in den USA gehostet, nicht in Tokyo. (Die der BLISTON ASSET MANAGEMENT ebenfalls, wie Mike später herausfand.)

Eigentlich hätte Mike nach all diesen Warnungen längst entscheiden müssen, die Kontakte definitiv abzubrechen, um nicht noch mehr Geld aufs Spiel zu setzen und die bisher geleisteten Zahlungen abzuschreiben. Doch Mike wollte einfach nicht wahrhaben, dass *Michael Belmonte* ihn am Telefon so ganz offen angelogen hatte und weiterhin anlog. Das hatte er in seinem ganzen beruflichen wie privaten Leben nicht erlebt. Hier und da eine (kleine Not-)Lüge, o.k., aber das? Sein ganze Business Model auf Lügen aufbauen? Mike ließ sich die Frage, ob er alles (oder mehr) verlieren wolle oder nicht, immer wieder durch den Kopf gehen. Er hatte aber noch nicht wirklich begriffen, dass das Dilemma, in dem er steckte, mit jeder Zahlung größer wurde: entweder er erhielt alles zurück, wenn er nur weitere Mittel überwies, – was er im Inneren hoffte – oder gar nichts, die zuletzt angewiesenen Mittel eingeschlossen – was er nicht wahrhaben wollte.

Er entschied sich trotz allem, die vereinbarten 5600 Dollar nicht zu überweisen, sein kürzlich gegebenes Versprechen also nicht einzuhalten. Und er kam sich auch noch ziemlich mies dabei vor.

Doch wenn er glaubte, dass *Belmonte* die Flinte ins Korn werfen und den Kontakt zu diesem unzuverlässigen Kunden abbrechen würde, hatte er sich geirrt. Allerdings erst an dem Tag, an dem Mike den zweiten Teil der Gebühren hätte einzahlen sollen, rief er an. Die 5600 Dollar seien der wichtigste Teil des Kuchens, ließ er Mike wissen. Erst wenn dieses Stück unter Dach und Fach sei, könne der Vertrag verlängert und zur Auszahlung gebracht werden. Wenn er zahle, werde er keinen einzigen Cent seines investierten und nun erwarteten Geldes verlieren, versichert er noch einmal. Er verstehe Mikes Lage, könne ihm aber aus eigener Erfahrung versichern, dass bald schon ein Licht am Ende des Tunnels erscheinen werde. Eindringlich ersucht er Mike, das Geld noch am selben Tag zu zahlen, er werde ihn umgehend zurückrufen, wenn er die Eingangsbestätigung seiner Bank erhalten habe.

Doch was tat Mike? Er saß total in der Klemme. Sein Anwalt hatte ihn gewarnt, seiner Lebenspartnerin hatte er versprochen, keine Zahlungen mehr zu leisten, und er selbst sollte einmal mehr ein Versprechen, das er gerade erst gegeben hatte, brechen. Er entschied sich, nicht zu zahlen und im Internet weiter zu recherchieren, ob er Warnungen vor der oder Bestätigungen für seine Bedenken gegenüber der STERLING GROUP INTERNATIONAL finden würde. Und siehe da, er fand ein paar. So gab die Österreichische Finanzmarktaufsichtsbehörde MBA am 19. März 2016 in einer Investorenwarnung bekannt, dass die SGI nicht berechtigt sei, konzessionspflichtige Wertpapierdienstleistungen in Österreich zu erbringen (aber was hieß das schon?). Auch auf der Website *www.legaljunkies.com* wurden damals vereinzelt Klagen gegen SGI publiziert, die darauf verweisen, dass man es mit dieser Firma mit einem einem Boiler Room oder gar mit online scammers (Online-Betrügern)zu tun habe. Er teilte *Belmonte* die Ergebnisse seiner Recherchen beim nächsten Telefongespräch mit und musste nicht lange auf Erklärungen warten. »Wir tun nichts Falsches. Wir sind ein kleiner Hedgefonds, verwalten aber ein Kapital von 800 Millionen Dollar. Bei diesem Umfang gibt es natürlich Leute, die ihre Trades nicht bis zum Ende durchgehalten haben und die sich nun beschweren, wir hätten sie um ihr Geld gebracht. Wegen ganz weniger solcher Fälle werden wir heute im Internet immer wieder als Gauner hingestellt, aber das sind wir nicht.« Mike: »Das verunsichert mich trotzdem. Liefere mir irgend einen Beweis, dass ihr real seid und mehr als nur eine virtuelle Organisation.« Diese kleine Forderung bringt *Belmonte* aus der Fassung: »Ich muss dir gar nichts zeigen, alter Mann«, krächzt er ins Telefon. »Ich bin es satt, mit dir zu reden, du bist hier der Lügner, du versprichst Zahlungen und hältst sie nicht ein. Warum vertraue ich dir? Warum sollte ich irgendetwas für dich tun? Glaubst du, was du getan hast, war ethisch? Du hast mir gesagt, du hast die Zahlung veranlasst, aber das war nicht wahr...« »Ich habe sie storniert, als ich die Warnungen vor der SGI gefunden hatte«, versuchte Mike sich zu rechtfertigen, doch *Belmonte* ließ ihn nicht zu Wort kommen. »Das spielt keine Rolle, wir standen immer auf der schwarzen Liste. Aber ich weiß, dass sie uns eigentlich gar nicht darauf setzen können, denn als Offshore Hedgefonds sind wir nicht registriert und können auch nicht reguliert werden. Du bist ein Idiot, brauche dein Gehirn, Gott gab dir ein Gehirn, du brauchst lieber das Gehirn anderer Leute...«

»Ich werde mein Geld wahrhaftig nicht wiedersehen«, kann Mike gerade noch einwerfen, ohne groß auf die Beleidigungen einzugehen, die nur zeigten, dass *Belmonte* selbst unter gehörigen Druck geraten war. »Ich habe dir schon mehrfach gesagt, wenn du den Deal nicht machen willst, dann lass' es bleiben. Doch jetzt ist die Sache um einiges grösser geworden. Jetzt habe ich für diese Fees aufzukommen. Und ich sage dir, ich werde dich wegen Betrugs rankriegen und du wirst alle Gebühren zahlen und selbst keinen Cent Geld bekommen ...« Dann beruhigte er sich wieder: »Es ist allein deine Entscheidung.« Damit hatte er sich seinen Frust und seinen Zorn auf Mike von der Seele geredet und ging zum normalen Unterhaltungstonfall über. Das Gespräch zog sich nochmals über zehn Minuten hin. Mike merkte, dass sein Gegenüber den Kontakt zu ihm trotz aller Ausbrüche nicht aufgeben wollte. Zusammen könnten sie eine gute Partnerschaft aufbauen. Es sei viel Geld zu verdienen. Er sei bereits Multimillionär, weil er dies unbedingt wollte, schob *Belmonte* Mike unter die Nase. Er solle nicht auf andere hören, sondern seinen Kopf gebrauchen. Ob er schon mal etwas von BBB »Better Business Bureaus« gehört habe, wollte er von Mike wissen. Diese seien 2010 in Hong Kong aufgekommen und würden von Firmen, denen Kunden (im Netz) nicht korrekte oder illegale Aktionen vorwarfen, Erklärungen zu den Vorwürfen oder auch Gegendarstellungen verlangen. Ließe sich die beklagte Firma nicht darauf ein, landete sie automatisch auf der schwarzen Liste eines *BBB*. Sollte sie der Aufforderung hingegen Folge leisten, würde sie von der Liste verschwinden. Es sei also ganz einfach, sich hier eine weiße Weste zu holen. SGI hätte es aber nicht nötig, irgendjemandem irgendetwas zu erklären. SGI sei ein Offshore Hedgefonds und der sei nun mal nicht registriert und hätte deshalb auch vor schwarzen Listen keine Angst. Sie kümmerten sich deshalb auch nicht darum. »Wenn einer von tausend Kunden gegen uns zu Felde zieht, glaubst du, das ist ein großes Problem?« Unrecht hatte er mit dieser Aussage nach Erkenntnissen von Mike tatsächlich nicht. Denn die Meldungen im Netz, die SGI als Boiler Room und Betrüger betitelten, waren wahrhaftig an einer Hand abzuzählen.

Mike wollte das Gespräch hier abbrechen, es führte nicht weiter. Gerade hatte *Belmonte* ihm noch vorgeschlagen, wenn er den Deal nicht abschließen wolle, dann solle er halt aussteigen. Doch als Mike ihm klar zu verstehen gab, »o.k., dann brechen wir jetzt ab«, schoss er umgehend zurück: »Nein, wir brechen nicht ab. Halte dir viele Probleme vom Leib, sei ehrlich. Das ist meine Message an dich: Sei ehrlich! Ehrlichkeit ist die beste Lebensgrundlage. Du hast das Geld und willst es mir nicht überweisen, weil du ein paar negative Meldungen über SGI im Netz gefunden hast.« Das Gespräch nahm wieder groteske Züge an. *Belmonte* wollte die gerade selbst formulierte Begründung für Mikes Entschluss, das Gespräch abzubrechen, nicht akzeptieren. »Sag', du hast das Geld, du willst es mir aber nicht geben. Stehe ein für das, an was du glaubst. Dann kann ich dich als Mann respektieren. Du bist ein Lügner,« fuhr *Belmonte* fort. »Doch du solltest wissen, dass ich dich finden werde und du dann wesentlich mehr als 36'000 Dollar zahlen wirst und keinen einzigen Cent zurückerhältst. Ich muss das tun, weil du mich nicht respektierst.«

Mike hätte den Hörer längst auflegen sollen, tat es aber nicht, weil er – ohne selbst beleidigend zu werden – wissen wollte, zu welchen Aussagen sich *Belmonte* in dieser Phase der überheblichen Selbsteinschätzung noch hinreißen ließ.

Doch da kam *Belmonte* ein Anruf dazwischen. Nach kurzer Unterbrechung fuhr er fort. Seine Frau habe ihn gebeten, endlich nach Hause zu kommen. Sie wollten gemeinsam ins Wochenende verreisen, verriet er Mike. Doch anstatt das Gespräch danach zu unterbrechen, redete der CIO weiter auf Mike ein. Am Montag werde er ihm beweisen, dass er, mit Namen *Michael Belmonte*, und dass die SGI real, also keinesfalls (nur) virtueller Natur seien. Am selben Tag würden beide dann die vereinbarten Geldsummen überweisen während sie am Telefon verbunden sein werden. Zum Schluss würde man sich – virtuell – die Hände schütteln, aber Mike müsse sich dann bei ihm entschuldigen. Zum Schluss wünschten sich beide ein gutes Wochenende und vereinbarten für Montag einen weiteren Gesprächstermin.

Das Gespräch fand dann auch statt, gipfelte allerdings nicht in der Lösung des Deals sondern in einer weiteren Zuspitzung der Auseinandersetzung. Einen Beweis, zum Beispiel ein Foto von sich vor dem SGI-Büro, das ihn selbst und das SGI-Office zeigte, hatte er nicht geschickt. Nachdem *Belmonte* das Gespräch mit der nochmaligen Aufzählung der offenen Gebühren auf der einen sowie Mikes ausstehender Auszahlung auf der anderen Seite eröffnet hatte, wollte er von Mike wissen, warum dieser bei dem zu erwartenden Gewinn so lange zögere und das Geld nicht umgehend einzahle. In seiner Antwort verwies Mike auf die Drohung während des letzten Gesprächs, jemanden bei Mike vorbeizuschicken, um die Angelegenheit zu bereinigen. »Nein, ich habe dir gesagt, ich werde ein Inkassobüro beauftragen, sich um die Angelegenheit zu kümmern«, korrigierte er seine Drohung aus dem letzten Gespräch. Ganz in Mikes Nähe gebe es eine international tätige Inkasso-Agentur, mit der die SGI schon länger erfolgreich zusammenarbeite. Er nannte den Namen der Agentur und fasste ihr Angebot kurz zusammen, wobei er die Formulierung Wort für Wort von der Website des Unternehmens ablas (das stellte Mike allerdings erst später fest). Das Gespräch zog sich hin, ohne zu einem Resultat zu führen. Ob er den Deal mit ihm nun zu Ende führen oder lieber Besuch von der Collection Agency haben wolle, wollte *Belmonte* dann noch einmal wissen. Allen Argumenten und Fragen von Mikes Seite hatte er – längst gehörte – Antworten entgegenzusetzen. Alles lief auf ein Ziel hinaus: Pay! Mit allen Mitteln versuchte der CIO, Mike zur Überweisung der anstehenden Zahlung zu überreden. Auf den Hinweis von Mike, dass es bei diesen Aussichten keine weiteren Deals mit ihm geben werde, betonte er zum wiederholten Mal, Mike müsse – sollte er nicht zahlen – die Verluste tragen, nicht er. Im selben Atemzug versprach er ihm, immer den höchsten Service zu bieten, sollte es doch zu einem neuen Deal zwischen ihnen kommen. Nach einem «good luck to you, sir« legte er schließlich auf, um mit seiner Frau ins Wochenende zu verreisen.

Das war der letzte Disput, den Mike mit *Michael Belmonte* ausgefochten hatte. Dieser meldete sich so wenig bei Mike wie das Inkassobüro. Und auch sonst blieb es für lange Zeit ruhig. Mike war schon fast sicher, seine Verluste nun endlich vergessen und seine Erfahrungen verarbeiten zu können, ohne immer wieder von einem Anruf aus Hong Kong, Tokyo oder sonst wo auf der Welt aufgeschreckt zu werden. Denn so weit war es gekommen. Bei jedem Anruf fiel Mikes Blick zuerst auf das Display, um zu sehen, woher das Gespräch dieses Mal kam...

Warren Carters geniale Idee entpuppt sich als Falle

Doch THE STERLING GROUP INTERNATIONAL hatte Mike noch nicht abgeschrieben. Klar, sie hatte noch über 65'000 Dollar von ihm in ihren Büchern. Darauf konnten neue Geschäfte aufgebaut werden. Doch es wurde Mitte Februar 2016, bis sich die SGI wieder bei ihm meldete. Per Telefon. Dieses Mal war es *Warren Carter*, Head of Institutional Trading, der versprach, Mikes Problem zu lösen. Mike fragte sich zwar, warum sich der Chef des Bereichs Institutioneller Handel seiner annahm, aber er hörte ihm ohne Vorbehalte zu. Keineswegs neu für Mike war die Erinnerung an die Anzahl NANO-Aktien auf seinem Konto. Neu war die Ansage, dass sein Cash Deposit in Höhe von 15'000 Euro inzwischen in ein Security Deposit von 16'650 US-Dollar transferiert worden war. Er ließ Mike ein Statement of Account zukommen, das diese Zahlen bestätigte. Zugleich erhielt Mike einen mehrseitigen

Text über die Regulierung von Hedgefonds Gebühren (Fees), der von 18 renommierten Finanzunternehmen/Banken sowie Rechtsberatern akzeptiert worden war. Diesen Eindruck erweckten jedenfalls die Logos dieser Organisationen, die unter dem Text angehängt waren. Das Schreiben für Mike – von Client Relations – unterzeichnet, diente dazu, sein Vertrauen und sein Verständnis für neuerliche Diskussionen über die Gebühren, die er noch immer nicht gezahlt hatte, zu stärken.

Bevor *Carter* zu diesem Thema Stellung beziehen konnte, durfte er sich mit einer weiteren Frage von Mike auseinandersetzen, als dieser ihn auf die Aussage eines *Jim Fletcher* von *cold-calling-alert* verwies, der ihm gerade bestätigt hatte, dass es sich bei SGI um einen Boiler Room bzw. Scam handle. »Sei sehr, sehr vorsichtig, wenn du dich auf die Aussagen dieser Organisation verlässt. Es ist eine Scheinfirma, die versucht, mit unerfahrenen Investoren Geld zu verdienen und sie mit zugänglichen Informationen zu verängstigen.« Mit dem Verweis auf einen alten Report (aber im Internet bleibt bekanntlich vieles trotz steigendem Alter an der Oberfläche) und der Behauptung, dass diese Website bereits mehrere Vorgänger hatte, sie sich also immer wieder neu erfinden musste, konnte er Mike überzeugen, Herrn *Fletcher* nicht unbedingt Glauben zu schenken. Dann doch lieber *Warren Carter*.

Dieser versprach nämlich, Mike den Weg aus der Sackgasse zu zeigen, in die man ihn bzw. er sich manövriert hatte. Doch dazu müsse er etwas weiter ausholen. Zuerst klärte er Mike auf, dass aus dem Going Public von NANO nichts geworden sei. Man habe versucht, für den Börsengang 100 Mio Aktien an den Mann zu bringen, aber es »habe keinen Trend für NANO-Technologien gegeben«, entschuldigte er ihr früheres (Fehl-)Urteil. So hätten sie sich entschieden, alle nicht abgesetzten Aktien selbst zu übernehmen, nachdem man sich mit der Bank des Verkäufers über einen Preis geeinigt hatte. Allerdings seien bereits 1200 Aktionäre, große und kleine – so wie Mike – vom Deal betroffen gewesen und sie alle seien Kunden bestimmter Banken. Diese Banken wiederum hätten unterschiedliche Zeitrahmen, die sie für das Clearing und die Auszahlung der Aktien an ihre Kunden benötigten. Während die eine Bank für die Abwicklung von 100'000 Aktienpaketen – *Carter* wollte dies als Beispiel verstanden wissen – fünf Tage brauche, könnte eine andere dies in einem bis zwei Tagen bewerkstelligen. Insgesamt könne die Abwicklung des Deals bis zu zwei Wochen in Anspruch nehmen, hielt *Carter* fest. Um sicherzustellen, dass in dieser Zeit der zuerst und der zuletzt abgewickelte Verkauf zu exakt gleichen Preisen und Bedingungen vollzogen werden könne, hätten sie sich mit einem Security Deposit im Umfang von 100 Millionen Dollar abgesichert. Damit sei ausgeschlossen, dass Beteiligte etwas von ihrem investierten Kapital verlieren. Doch zur Finanzierung dieser abgesicherten Einlagen hätte nun jeder Aktionär analog zu seinem Kapital selbst beizutragen. Bevor er auf den zu zahlenden Betrag zu sprechen kam, ließ er Mike allerdings noch wissen, dass er für seine Aktien, die er seinerzeit für einen Dollar gekauft habe, nun zwei Dollar und 15 Cents erhalten werde. Nach drei bis fünf Arbeitstagen würde die Auszahlung an ihn abgeschlossen sein und das Geld auf sein Konto überwiesen. Voraussetzung dafür sei jetzt nur die Zahlung des Security Deposits in Höhe von 10'203 Euro, und dies bis 22. Februar 2016, also umgehend. Dieses Geld werde – mit 3 % verzinst – nach 5 Tagen zurückgezahlt.

Die Rückzahlung der Security Bonds belaufe sich dann auf 27'658.59 Dollar, bestätigte er noch am selben Tag in einem Brief, und er betonte darin, dass die 10'203 Euro dann die letzte Zahlung sei, die vor der Auszahlung des Geldes zu tätigen sei. Um zu demonstrieren, wie ernst er es meinte und um sicherzustellen, dass Mike dieses Angebot nun endlich wahrnehmen werde, schickte er gleich noch ein weiteres Schreiben mit, auf das er im Gespräch bereits hingewiesen hatte. Mit der Unterzeichnung dieser Terms of Engagement sollte sich Mike verpflichten, 40 bis 50 % seines Gewinns aus dem NANO-Deal bei der SGI über ihn, *Warren Carter*, zu reinvestieren. Mike unterschrieb und schickte das Papier zurück. Wenn *Carter* ein so großes Interesse an mir hat, dann meint er es ernst, dachte er sich, gab seinen inneren Widerstand auf und beauftragte seine Bank, die 10'203 Euro zu zahlen. Die frühere Forderung über 36'000 Euro für die lange Liste mit Gebührenempfängern war damit immerhin vom Tisch, nach den Worten *Carters* waren sie inzwischen »irrelevant«.

Immerhin hatte Mike sein Gegenüber noch gefragt, was geschähe, wenn er die 10'203 Euro nicht zahlen würde. Dann würde er von den Umtausch- und Verkaufsbedingungen, von denen er jetzt profitiere, ausgeschlossen. Seine Bonds und Aktien blieben bei NANO in den Büchern. Wie sich die Preise dafür entwickeln würden, könne er nicht sagen. Ob er die Aktien in das Depot seiner Bank transferieren könne, wollte Mike auch noch wissen. Auch hier hatte *Carter* eine Antwort parat: Das mache keinen Sinn, weil NANO eine private Gesellschaft in Südkorea sei und Mikes Bank sicher keine Käufer für solche Papiere finden würde.

Mike gab also seiner Bank den Auftrag, das Geld zu überweisen. Doch da geschah etwas, was bisher nicht vorgekommen war: Die Bank konnte den Auftrag nicht ausführen (vielleicht war das Konto gesperrt, diese Idee kam Mike erst viel später). Er musste – nach Absprache mit den Client Services der SGI – zweimal Empfängerdaten nachbessern, bis es klappte. Noch einen Tag bevor das Geld transferiert wurde, rief *Carter* bei Mike an und suchte nach Ursachen dafür, dass die Anweisung nicht geklappt hatte. Er könne sich das jedenfalls nicht erklären. Nun ja, er entschuldigte sich und bestätigte Mike, dass die Auszahlung nach Eingang des Geldes sofort in die Wege geleitet werde. »Alles ist vorbereitet für den Trade«, versicherte er, »wir sind bereit für den Wechsel Security-Bonds in Aktien und für die Auszahlung und warten nur noch auf die Bestätigung der Zahlung. Dann werden wir alles auszahlen und die Position liquidieren.« Doch eine Frage durfte nicht fehlen: »Wann wirst du die Bankanweisung tätigen, heute Morgen oder erst am Nachmittag?« Als Mike bestätigte, dass das bereits erfolgt sei, konnte Carter sich eines »Yea, yea, that's fine« nicht enthalten.

Bereits einen Tag später, am 7. April 2016, meldete sich *Carter* wieder bei Mike. Das Geld sei eingetroffen, doch dann hätte er sich noch einmal in Mikes Konto vertieft und dabei festgestellt, dass noch ein paar Aktien fehlten, weil ein Paket für den Handel mindestens 100'000 Aktien umfassen müsse. Nach dem Umtausch seiner Security Deposits käme er zwar auf 78'139 Aktien. Doch für den Deal fehlten damit noch 21'861 Stück. *Carter* wäre nicht *Carter*, hätte er nicht auch hier eine überraschende – und nach eigener Überzeugung geniale – Lösung vorbereitet. Nachdem er Mike den Vorgang und den Tausch seiner Bonds in Aktien detailliert vorgerechnet hatte, unterbreitete er ihm folgenden Vorschlag: Er könne die nötige Anzahl Aktien für einen Stückpreis von 50 Cents kaufen, wenn er, Mike, damit einverstanden sei. Mike wollte nur noch eines, unter allen Umständen aus dem Deal rauskommen, am liebsten natürlich ohne Verluste. Nun bot ihm Carter an, die fehlenden Aktien für 10'930.50 Dollar zu besorgen und den gesamten Deal damit endlich zum Abschluss zu bringen. Er habe den Prozess mit den Anwälten und sonstigen Verantwortlichen der zuständigen Banken abgeklärt, ließ er Mike wissen und fügte hinzu: »Weißt du, was das ist? Es ist einer dieser Momente, die man nur als Geniestreich bezeichnen kann.« Damit klopfte er sich nicht nur selbst auf die Schulter, sondern sorgte auch dafür, dass sich Mike innerlich darauf einstellte, die neuerliche Zahlung zu veranlassen und seinerseits auf den Eingang von 215'000 Dollar hoffte. Was sollte jetzt noch schiefgehen? Er konnte es sich nicht vorstellen, nach den so plausibel und engagiert vorgetragenen Argumenten dieses gewieften Finanzexperten…

Bevor er seine Investitionen in NANO MEDITECH noch einmal aufstocken würde, wollte er von *Carter* noch ein paar Zusatzinformationen über sein und über das Unternehmen erfahren, in das er investierte und schickte ihm ein Mail mit ein paar Fragen dazu. Viel kam dabei nicht heraus. Zwar rief *Carter* am nächsten Morgen umgehend an, doch nachprüfbare Informationen übermittelte er keine. THE STERLING GROUP INTERNATIONAL, erklärte er Mike, sei eine nicht lizenzierte Offshore Entität, die – wie viele tausend andere private Vermögensverwalter – keine Geschäftszahlen veröffentliche, weil sie dazu nicht verpflichtet sei und nicht verpflichtet werden könne. Aus der Tatsache, dass sie nicht registriert und lizenziert sei, ergebe sich der Vorteil für ihre Kunden, dass diese für ihre Gewinne keine Steuern zu zahlen hätten (solange die Kunden das Geld nicht auf ihre heimische Bank transferieren, ist Mike überzeugt). Die SGI beschäftige zurzeit 60 bis 70 Personen, nach der Übernahme der WARREN GLOBAL GROUP wolle sie sich in zwei Unternehmensbereiche aufteilen, in eine für Unternehmens- und institutionelle Kunden sowie – neu – in eine für Privatkunden.

Und was hatte er zu NANO MEDITECH zu sagen? Soweit er wisse, habe die US-Holding OXYO grosses Interesse an NANO MEDITECH (früher sollte es mal die DEUTSCHE BANK gewesen sein, die beim Going Public 50 Prozent von NANO übernehmen wollte; (eine US-Holding namens OXYO o.ä. mit Interesse an NANO MEDITECH konnte Mike bei seinen späteren Recherchen nicht finden). OXYO, so *Carter*, sei ein weltweit führender, auf Nano-Technologien fokussierter Konzern. Das verleihe NANO MEDITECH ihren Wert. Denn OXYO investiere jedes Jahr Millionen in Forschung und Entwicklung in diese Technologie und wolle deshalb die Beteiligung an NANO ausbauen. Mehr konnte – bzw. wollte – er nicht sagen, sondern wechselte umgehend das Thema:

»Was ist nun mit deinem Nano-Deal? Willst Du ihn nun abschließen und neue Geschäfte mit mir starten oder nicht?« Er schwärmte von Geschäften, die er gerade mit anderen Kunden getätigt hatte und zählte eine Liste weltweit führender Firmen auf, die sich an der Börse gerade hervorragend entwickelten. Mike hörte gespannt zu. Doch so rasch gab er nicht klein bei. Er wollte noch einmal die Begründung für die letzte Zahlungsanweisung hören. Der Grund dafür sei technischer Natur, erläuterte *Carter*, und der Umfang der Zahlung sei eher klein. »Bei Käufen und Verkäufen im Private-Equity-Bereich hat Escrow die Oberaufsicht. Sind die Unternehmen an der Börse kotiert, ist das nicht mehr der Fall. Escrow arbeitet mit Anwälten, Agenten, Regulierern und anderen, sie haben ihre eigenen Banken und Versicherungen. All diese müssen wir bei unseren Trades glücklich machen.«

Wenn das alles so kontrolliert abläuft, wird es schon seine Richtigkeit haben. Mike überwies die 10'930.50 Dollar, um sein Paket von 100'000 Nano-Aktien vollzumachen. Die Eingangsbestätigung erreichte ihn zwei Tage später. Nur der versprochene Geldbetrag aus dem Verkauf seiner Nano-Aktien ließ weiter auf sich warten. Nach ein paar Tagen fragte Mike deshalb an, wo das Geld bleibe. Es habe da leider ein Missverständnis gegeben, gab ihm *Carter* seelenruhig zur Antwort. Er habe Aktien für 0.5 Dollar pro Stück gekauft, das seien allerdings direkte Aktien. Der Käufer seines Aktienpakets war damit einverstanden, aber die Wirtschaftsprüfer hätten ihr Veto eingelegt und den Verkauf gestoppt, weil sich ansonsten ein Interessenkonflikt ergeben hätte. Sie arbeiteten zur Zeit exakt nach Vorschrift, deshalb hätten sie vor dem Verkauf ihr veto eingelegt. Aber morgen sei wieder ein Liquidations-Termin, Mike möge die Gelegenheit nicht verpassen und den Aufpreis für die indirekten Aktien, also nochmals 0.5 Dollar für die vergünstigten Aktien zahlen. »Gelegenheiten sind die einzigen Hebel, die unser Leben vorwärts bewegen«, setzte *Carter* mit einer seiner Lebensweisheiten das Gespräch fort. Doch seine geniale Aktion erwies sich für Mike als klare Falle, während sie für *Carter* selbst ein weiteres Druckmittel war, neues Geld zu fordern.

Für Mike wurde es langsam schwierig. Er hatte sich finanziell ausgereizt und hatte Carter längst wissen lassen, dass er nicht mehr in der Lage sei, weitere Zahlungen zu tätigen. Er musste seinen regelmäßigen Verpflichtungen nachkommen und hatte seine Ersparnisse weitgehend investiert; viel Spielraum blieb nicht. *Carter* wusste das, ließ aber nicht locker: »Eigentlich musst du gar nichts mehr zahlen, nur eine kleine Position in deinem Konto ergänzen, damit deine 100'000 Aktien endlich zum Verkauf kommen und du zu deinem verdienten Geld. Vergiss nicht, eine Viertel Million Dollar!« Dann lachte er auf der anderen Seite der Leitung ins Telefon, um anschließend wieder ernst zu werden. Mike habe rund 100'000 Dollar in Nano investiert und stehe vor einer Auszahlung von 215'000 Dollar. Der Gewinn betrage somit 60 Prozent des Totals. Jetzt gehe es noch um sechs Prozent davon, welche die Auszahlung blockierten. »Sechs Prozent ist nichts im Vergleich dazu,« rechnete er Mike am Telefon vor. Auf dessen Frage, ob er denn garantieren könne, dass er das Geld in einer Woche auf seinem Konto habe, antwortete er ohne zu zögern: »Du hast mich direkt gefragt, ich gebe dir eine direkte Antwort: Was wir hier besprechen, basiert auf Vertrauen und Respekt. Nächste Woche wirst du das Nano-Geschäft abgeschlossen und das Geld auf deinem Konto haben. Ein zwei Wochen später werde ich dir Vorschläge für ein oder zwei Wertpapiergeschäfte mailen, die du dann für zwei bis drei Wochen hältst, bevor du wieder verkaufst. Das sind typische Perioden für meine üblichen Börsengeschäfte.« Geld verdienen heiße für ihn Geld verschieben. Er wechsle die Positionen so schnell, dass die Unternehmen für ihn keine Bedeutung hätten. Auch Geld bedeute ihm nichts, er suche vielmehr Beziehungen mit interessanten Menschen. Für die würde er sich viel lieber engagieren als für eingebildete Superreiche. Sein Berufsverständnis beruhe auf Vertrauen. »Wenn du einem Menschen keine Chance gibst, seine Vertrauenswürdigkeit zu beweisen, wird er nie das Recht haben, diese zu bestätigen.« Mit der Zeit werde Mike ohnehin den Nano-Frust und all seine Bedenken vergessen haben und in ein bis zwei Monaten hätten sie bereits sechs oder sieben Börsengeschäfte am Laufen...

Noch am selben Tag, es war der 21. April 2016, gingen neue Remittance Instructions über 16'682.45 Dollar in Mikes Briefkasten ein. Doch Carters Beschwörungen zum Trotz kamen Mike neue Bedenken. Nach einem Anruf bei der zuständigen Finanzmarktaufsicht, die ihm nur mit Allgemeinplätzen bezüglich Eigenverantwortung, Vorsicht und Sicherheit bei Finanztransaktionen behilflich sein konnte, nicht aber zu konkreten Fragen zur Sterling Group International Stellung bezog, verfasste Mike einen kurzen Brief an Carter und schickte diesen – eingeschrieben – an die Adresse der SGI in Tokyo. Wenig später rief Jason Matthews von den Client Services bei ihm an und schilderte ihm sein Anliegen: Sie hätten alle Hebel in Bewegung gesetzt, Mikes Bankanweisung, die zu veranlassen er Carter beim letzten Telefongespräch versprochen hatte, ausfindig zu machen, vergeblich. Ob Mike die Bestätigung per Fax oder per Mail geschickt habe, wollte er wissen. Er habe gar nichts geschickt, entgegnete ihm dieser. Dafür habe er einen Brief an Mr. Carter geschrieben und erwarte vor weiteren Überweisungen nun dessen Antwort darauf. Er werde das gern weitermelden, versicherte Matthews in seinem typisch korrekten und ruhigen Tonfall. Mr. Carter werde sich bei Mike melden.

Das tat dieser am selben Tag – völlig relaxt und ruhig. »Was ist seit unserem letzten Gespräch passiert?«, wollte er wissen. Und auch als Mike ihm antwortete, dass er neue Hinweise gefunden habe, die sein Vertrauen gegenüber SGI einmal mehr zum Einsturz gebracht hätten, blieb er ruhig und unbeeindruckt. »Ich könnte dir einen Zahlungsrapport über alle Trades von Anfang Woche bis heute schicken, die ich ausgezahlt habe. In derselben Zeit ist Geld in Höhe von 785'000 Dollar bei mir eingegangen. Diese Klienten machen vergleichbare Zahlungen wie du, u.a. für dieselbe Firma, an dieselbe Art von Banken wie du. Ich weiß, es gibt ein paar Leute, die uns etwas anhängen wollen. Sie betreiben diese Veröffentlichungen auf dem Internet als eine Art von Unterhaltung. Doch ich sagte bereits, wenn man es mit Tausenden von Investoren zu tun hat, dann sind nicht alle glücklich. Als wir uns das letzte Mal unterhalten haben, warst du glücklich, heute bist du es nicht mehr, weil du irgendetwas im Netz gefunden hast, das gegen uns spricht.« Er könne Mike folgen, wenn er im Rahmen der Nano-Geschichte Probleme mit seiner Firma habe, nicht aber mit ihm persönlich. Mike solle besser einer seiner zufriedenen Kunden werden, dann könne er die Recherchen im Internet vergessen, denn dann würde sie gemeinsam Anlagepositionen vereinbaren und Mike endlich Vertrauen in ihn gewinnen.

Mike leuchtete das ein, setzte *Carter* aber noch von seinem registered letter, seinem eingeschriebenen Brief in Kenntnis, der ihn bald in Tokyo erreichen sollte. Er erwarte eine kurze Antwort darauf, fügte er an. Das werde er gern tun, entgegnete ihm *Carter*. »Und zwar auch per Post. Ich werde vor das Gebäude gehen und ein Foto von mir vor dem Bürohaus aufnehmen und es dir schicken. Solltest du es nicht erhalten, kannst du den Auftrag bei der Bank ja immer noch stoppen. Ist das fair?« Diesen Satz konnte Mike immer wieder mal hören. Doch er bestätigte, dass er seinem Vorschlag zustimme. »Solche Dinge tue ich nur für dich, weil ich die weitere Zusammenarbeit mit dir nicht aufs Spiel setzen möchte«, setzte *Carter* das Gespräch fort, »mir liegt daran, dass du Vertrauen zu mir und den inneren Frieden findest und glücklich wirst.«

Ob das die Gründe dafür seien, dass er sich so viel Zeit für die Telefongespräche mit ihm nehme, wollte Mike noch wissen. »Ob die Gespräche 30 Sekunden oder 30 Minuten dauern, spielt keine Rolle. Wichtig ist, dass mein Geschäftspartner verstanden hat, worum es geht. Außerdem bin ich verantwortlich für das Geld meiner Kunden. Wenn diese ein Problem haben, will ich es für sie lösen. Ich bin nicht der Typ, der wegläuft, wenn es ein Problem gibt. Es gibt sicher Kollegen, die das tun, ich habe mit solchen zusammengearbeitet. Ich laufe nicht weg. Eine korrekte Kommunikation ist entscheidend für Erfolge in meinem Beruf. Dieser Überzeugung war ich schon immer.« Über eine halbe Stunde ließ sich *Carter* dieses Mal Zeit, Mike ins Gewissen zu reden. Nicht aufdringlich, dafür durchaus sympathisch. »Du hast schlechte Erfahrungen mit Nano gemacht«, kam er zum Schluss des Gesprächs. »Ich möchte nun, dass du gute Erfahrungen mit mir machst. Erledige die offene Zahlung gleich heute, dann wirst du sehen, dass ich recht habe. Lass uns den Nano-Trade abschließen.« Kommunikation sei der Schlüssel. Mike war von der Bedeutung und Richtigkeit dieser Aussage durchaus überzeugt, schließlich war er selbst im Umfeld der Kommunikation tätig. Und er wollte nichts lieber, als den Nano-Deal abschließen. Also beauftragte er seine Bank, die verlangten 16'682.45 Dollar zu überweisen, um so seine direkten in indirekte Aktien zu tauschen und die Escrow-Leute zufriedenzustellen.

Nur einen Tag später meldet sich *Carter* wieder bei Mike. »Die Nano-Aktien sind getauscht und verkauft. Die Angelegenheit ist offiziell erledigt. Nun folgt der nächste Schritt, die Überweisung. Sie wird anfangs nächster Woche erfolgen. Jetzt ist es Zeit, ein wenig zu relaxen.« Mike war zum ersten Mal erleichtert und froh. Damit hatten sich alle Warnungen und Zweifel als falsch erwiesen. Die Nano-Geschichte rauschte noch einmal durch seinen Kopf. So viel Ärger und unbefriedigende Diskussionen, nun hatte sich alles doch noch zum Guten gewendet. Noch ein paar Tage und er konnte wieder ein gut gefülltes Bankkonto sein eigen nennen...

Zwei Tage später, es war Donnerstag, der 28. April 2016, meldete sich *Carter* noch einmal bei Mike und kam gleich zur Sache: »Hast du die Bestätigung für den Aktienkauf erhalten?« Mike konnte die Frage mit Ja beantworten. »Zur gleichen Zeit, als wir diese verschickt haben, haben wir auch den Code of Holding für die Nano-Aktien an Escrow verschickt. Das dauert in der Regel 48 Stunden. Doch da es gestern schon spät war, weil wir alles noch einmal überprüfen mussten, sollten wir nun morgen in der Lage sein, die Zahlung an dich zu veranlassen. Dann sollte das Geld am Montag auf deinem Konto sein.« Mike hatte sich ohnehin schon auf diesen Zeitplan eingerichtet und sah keinen Grund dafür, sich aufgrund dieses Hinweises Sorgen zu machen. Doch er wollte von *Carter* noch wissen, ob er seinen eingeschriebenen Brief erhalten habe. Bis jetzt nicht, antwortete dieser, aber er werde im Postoffice vorbeigehen und sehen, ob er dort für ihn abgelegt worden sei. Und sorry, das Foto, das er versprochen hatte zu schicken, habe er total vergessen. Er habe sich an dem Abend mit Millionen-Aufträgen beschäftigt und nicht mehr an das Foto gedacht, als er abends das Büro verließ. Mike wollte nicht weiter auf diesem Beweis bestehen, wenn er die Antwort auf den eingeschriebenen Brief erhalte – auch per E-Mail – sei das für ihn Beweis genug. Er werde ins Postoffice gehen und sich wieder bei Mike melden, meinte *Carter* und legte den Hörer auf.

Nur einen Tag darauf ruft *Carter* wieder an. Er werde sich jetzt immer am Morgen bei ihm melden und nicht mehr am späten Abend, sonst mache er Mikes Lebenspartnerin mit seinen langen Gesprächen noch nervös, eröffnete er das – dieses Mal kurze – Gespräch. Aber er wolle ihn darauf hinweisen, dass am Montag die Banken in den USA geschlossen haben. Es sei public holiday am Labour Day (1. Mai). Mike hatte zwar nicht damit gerechnet, aber diesen einen Tag konnte er auch noch länger warten, dachte er, wenn das alles wäre... Gegenüber seiner Partnerin ließ er kein Wort über den erwarteten Geldbetrag verlauten. Erst wenn das Geld auf seinem Konto lag, wollte er sie damit überraschen und ihr klarmachen, dass sie – wie sein Anwalt, sein Banker und andere – mit ihrer kategorischen Ablehnung des Deals völlig falsch lag, er hingegen richtig. Er habe eine Menge riskiert und Mut bewiesen, aber eben auch gewonnen. Er wünschte diesen Augenblick sehnlichst herbei.

Doch die Freude auf den erhofften Geldeingang wurde erst einmal von der Post unterbrochen. Der eingeschriebene Brief war zurückgekommen – der Empfänger THE STERLING GROUP INTERNATIONAL sei unbekannt, hatte das japanische Postoffice darauf mit Stempeln und Siegel vermerkt. Mike war erschrocken, auch wenn er eigentlich nichts anderes erwartet hatte. Er setze sich umgehend an seinen Rechner und setzte *Carter* per Mail davon in Kenntnis. Der Brief sei zurückgekommen. Nun sei er sicher, was er die ganze Zeit gefürchtet hatte: THE STERLING GROUP INTERNATIONAL sei nichts anderes als eine virtuelle Organisation mit dem Ziel, Mitmenschen zu betrügen. Er gehe davon aus, dass er das Geld, das *Carter* und andere ihm versprochen hätten, nicht (mehr) erwarten könne. Deshalb werde er nun eine Dokumentation

Der eingeschriebene Brief an Warren Carter an die Adresse der SGI in Tokyo kam zurück: Adressat UNBEKANNT

über ihn und seine Kollegen von der SGI vorbereiten, um diese ins Netz zu stellen. Dann könne sich jeder Leser selbst ein Bild vom Geschäftsmodell und Geschäftsgebaren der so erfolgreichen Vermögensberater machen.

Noch am selben Tag rief *Carter* zurück. Das Unternehmen sei der Post nicht bekannt, das könne nicht sein. Es sei sicher ein Fehler des Zustellers gewesen. Nicht alle Postboten seien der englischen Sprache mächtig, nicht alle Straßen in Englisch angeschrieben, suchte Carter nach einer entschuldigenden Erklärung. Doch Mike hatte die Adresse nicht nur in lateinischen Buchstaben, sondern auch auf japanisch – copy paste von der SGI-Website – angegeben. Nun suchte sein Gegenüber nach einer anderen Entschuldigung, diesmal in Form eines eigenen Erlebnisses, das er mit der Zustellung einer dringend gebrauchten Kreditkarte gehabt hatte. Und schon war die Diskussion wieder beim Thema Vertrauen und Realitätsbeweis angekommen. Wenn er etwas zu verbergen hätte, würde er sicher niemanden anrufen, der seinen Namen und seine Stimme im Internet veröffentlichen könnte. Er hoffe, er habe tatsächlich nichts zu verbergen, entgegnete ihm Mike, er würde sich umgehend bei ihm entschuldigen. Aber er habe wieder einmal den Verdacht gehabt, sein Geld sei unwiderruflich abhanden gekommen. »Das ist eine typische Reaktion vieler Investoren«, konterte Carter: »Viele Leute investieren und kommen dann zu falschen Schlüssen, weil sie zu emotional am Geld hängen, das sie investiert haben.« Der Disput zog sich noch etwas hin, Mike beruhigte sich wieder. »Häufig erwarten meine Klienten zu viel. Die Überweisung des Geldes liegt nicht mehr in meinen Händen, alle vorgängigen Prozesse sind abgeschlossen. Ich habe dir das letzte Woche schon gesagt. Mach' dir keine Sorgen, relax, es geht alles gut.« Das war am 3. Mai 2016.

Mike hätte nun mehrere Tag Zeit gehabt, um zu relaxen und sich zu entspannen. Aber in der aktuellen Situation war er dazu nicht in der Lage. Alle Hoffnungen waren zunichte. Am Montag, den 9. Mai 2016, erreichte ihn dann doch ein Mail von *Carter*: »Dein Geld wurde am Donnerstag, 5. Mai, angewiesen,« stand da zu lesen, »es dauert drei bis fünf Tage, bis es auf deiner Bank liegt.«

Als am 12. Mai noch immer kein Eingang zu verzeichnen ist, schickt Mike ein kurzes Mail an Carter: »Sorry, wenn ich so ungeduldig bin. Keine gute Nachricht für mich?« Nein, offensichtlich keine gute Nachricht, denn es herrschte weiterhin Schweigen. Erst am 17. Mai meldete sich der Customer Service der SGI wieder bei Mike. *Carter* habe versucht, ihn anzurufen, aber ohne Erfolg. Er bitte um eine Zeitangabe, wann das möglich sei.

Da Mike zu dieser Zeit schon mit seinem Campingbus in den Ferien unterwegs war und nur – wenn überhaupt – über das Handy erreichbar war, lies er sich Zeit mit einer Antwort. Er hatte – ehrlich gesagt – keine Lust mehr, mit Leuten der SGI zu sprechen. Doch am 18. Mai 2016 fand Mike einen Brief in seiner Mailbox, in dem ihm *Carter* ein neues Problem beschrieb. Obwohl die Auszahlung bereits am 12. Mai vom Zahlungsdepartment der SGI freigegeben worden sei, habe die Rechtsabteilung die Zahlung beschlagnahmt, »as the institutional block which has been sold under your name is not bonded to the level of 25 percent and therefore the wire transfer could not be completed to its final destination.« Um die Zahlung freizugeben, verlangten die Anwälte die volle Deckung. Mit einer neuerlichen Einzahlung von 62'500 Euro würde diese Deckung erfolgen und die 250'000 Euro zur Auszahlung freigegeben. Die Rückzahlung der zur Abdeckung nötigen Summe würde nach etwa zwei Wochen mit einem Aufgeld von 3'125 Euro erfolgen.

Mike versuchte, sich die Ferien durch den Brief nicht verderben zu lassen, erst einmal schickte er eine Kopie des Schreibens an einen Freund, der selbst als Vermögensberater tätig war. Dieser schrieb ihm umgehend zurück und riet ihm, der Forderung nicht nachzugeben. Das Schreiben sei absolut verwirrend und mache in der vorliegenden Form keinen Sinn. Zwar kenne er die Verhältnisse nicht im Detail, aber Vorsicht sei hier sicher angebracht. Auch er hatte sofort gegoogelt und schickte Mike die Resultate seiner Suche. Doch die waren diesem bereits bekannt.

Francesca Andersen auf Kurzvisite

Mike schickte *Carter* ein Mail und teilte ihm mit, dass er nun für einen Monat unterwegs sei und sich in dieser Zeit nicht mit seiner Forderung befassen könne und wolle. Er werde sich zurückmelden, wenn er wieder im Büro sei. Und das tat er auch, doch von *Warren Carter* hörte und vernahm er nichts mehr. Hingegen wurde ihm von den Client Services umgehend ein aktuelles Statement of Account zugestellt, darin festgehalten die offene Zahlung von 62'500 Euro. Diesmal meldete sich eine Dame bei ihm, *Francesca Andersen*, ihre Funktion: Head of Global Equity Trading. In einem langen Gespräch versuchte sie, Mike von der Notwendigkeit der Zah-

STERLING
GROUP INTERNATIONAL

Shinjuku Center Building
1 Chome-25-1
Nishishinjuku
Shinjuku-ku
Tokyo 160-023
Japan

TEL: +81 3 6745 5309
www.thesterlinggroupinternational.com

Francesca Andersen
Head of Global Equity Trading

francesca.andersen@thesterlinggroupinternational.com

lung für das Security Deposit in Höhe von 62'500 Euro bzw. 70'625 US-Dollar zu überzeugen. Doch selbst wenn sie Mike überzeugt hätte, hätte der das Geld nicht aufbringen können. Denn inzwischen hatte sich seine persönliche wie berufliche und damit auch seine finanzielle Situation so zugespitzt, dass an eine Zahlung in dieser Höhe nicht zu denken war. Er war kein institutioneller Anleger und auch kein potenter Investor und war mittlerweile zur Überzeugung gekommen, dass er als Privatanleger gezielt auf diese Nano-Schiene bugsiert worden war, weil er dort besonders gut mit Folgeforderungen drangsaliert werden konnte. Er setzte *Mrs. Andersen* in einem Mail davon in Kenntnis, dass ein anderer Ausweg gefunden werde müsse, sein Geld zurückzuholen. Vielleicht hätte sie ja eine Idee. Er informierte sie aber auch darüber, dass er weiterhin an seiner Dokumentation zur SGI- und Nano-Story arbeite, um andere zu warnen, nicht dieselben Fehler zu begehen wie er selbst. Das war am 22. August 2016. Auch von *Mrs. Andersen* sollte Mike daraufhin nichts mehr hören. Allerdings kam am 30. August noch eine aktualisierte Version der Remittance Instructions mit der offenen Forderung von 62'500 Euro, Bank und Begünstigter waren geändert worden.

Daniel G. Barringtons Großzügigkeit initiiert ein Dilemma

Zeitgleich meldete sich der Director of Portfolio Structuring and Management, *Daniel G. Barrington* bei Mike. Warum er mit *Mrs. Andersen* so rüde umgegangen sei, wollte er wissen. Ob das nötig gewesen sei? Mike erinnerte sich nicht daran, unhöflich gewesen zu sein, wohl aber direkt – wie immer. Jedenfalls, fuhr *Barrington* fort, habe sie sein Konto nicht weiter betreuen wollen. Er habe übernommen und rollte die ganze Nano-Geschichte am Telefon noch einmal auf. Er könne ihm versichern, dass Nano eine Privatplatzierung und sein investiertes Kapital bei dieser zu hundert Prozent sicher angelegt sei, zumal der Wert der Aktien nicht von sich ändernden Marktbedingungen abhängig sei. Er habe seinen Fall übernommen und sei auf der Suche nach einer Exit-Strategie, wie er Mike zu seinem Geld verhelfen könne. Er werde sich nach drei bis fünf Arbeitstagen wieder bei ihm melden, bis dahin prüfe er drei unabhängige Quellen, welchen Weg einzuschlagen er Mike empfehlen solle. Zuvor hatte er Mike einen Vorschlag unterbreitet, über den dieser

STERLING
GROUP INTERNATIONAL

Shinjuku Center Building
1 Chome-25-1
Nishishinjuku
Shinjuku-ku
Tokyo 160-023
Japan

Daniel G. Barrington
Director of Portfolio Structuring and Management

TEL: +81 3 6745 5309   daniel.g.barrington@thesterlinggroupinternational.com
www.thesterlinggroupinternational.com

sehr erleichtert war. SGI werde die ausstehenden Security Bonds in Höhe von 62'500 Euro für ihn übernehmen, die würden ohnehin nach wenigen Tagen zurückgezahlt. Nicht nur mündlich, auch in einem Schreiben teilte er Mike mit, er müsse vor der Auszahlung der 250'000 Dollar nur noch detailliert aufgelistete Gebühren (Banking-, Legal-, Handling- und Escrow-Fees) in Höhe von 4750 Euro übernehmen. Zudem würden der Zeitrahmen und die Bedingungen für die Auszahlung unter dem Titel »Settlement Figures« festgeschrieben. Der Käufer werde 2.5 Dollar für jede NANO-Aktie, insgesamt also eine Viertelmillion Dollar zahlen. Er warte auf Mikes O.K. Diesen trennten also nur noch 4750 Euro von 250'000 Euro. Doch irgendwie kam diesem alles bekannt vor: Einmal mehr Gebühren, aber gänzlich andere als früher...

Genau hier entstand für Mike die schwierigste Situation im bisherigen Verlauf seiner NANO-Achterbahn. Früher wären 4750 Euro für ihn kaum der Rede wert gewesen, und er hätte nicht lange gezögert, das Geld zu überweisen. Aber inzwischen war das ganz anders. Mit seiner Scheidung hatte er Verpflichtungen übernommen, die ihn über Jahre in finanzielle Fesseln gelegt hatten. Zudem lief sein Geschäft als Selbständigerwerbender nicht mehr so erfolgreich wie gewohnt. Kurz vor seiner Pensionierung hatte sich sein Umsatz durch den Wegfall eines langjährigen Kunden deutlich reduziert. Um sein finanzielles Polster etwas aufzustocken, hatte sich Mike auf den Versuch mit der WARREN GLOBAL GROUP und mit der STERLING GROUP INTERNATIONAL eingelassen. Seine neue Lebenspartnerin, die sich strikt gegen dieses kapitalistische Abenteuer ausgesprochen hatte, gab ihm unmissverständlich zu verstehen, sie werde ihm die Freundschaft kündigen, sollte er noch mehr Geld in das offensichtliche Fass ohne Boden werfen. Und Mike selbst war hin und her gerissen und hatte trotz der bisherigen Erfahrungen immer noch größte Mühe, zwischen Traum und Wirklichkeit zu unterscheiden.

Barrington meldete sich wieder bei Mike. Allerdings erst am 13. Oktober. Er hatte gehofft, dass Mike die 4750 Euro inzwischen überwiesen habe, dann hätte er die Auszahlung seiner 250'000 Euro schon in die Wege leiten können. Doch leider sei das nicht der Fall. Das sei korrekt, pflichtete Mike ihm bei, er habe das Geld nicht besorgen können, auch wenn es sich nur um einen bescheidenen Betrag handle, könne er diesen nicht auftreiben, weil er keine Sicherheiten habe. Ob es keinen anderen Weg gebe, die Aktien zu verkaufen, wollte Mike von ihm wissen. Das dürfe er getrost vergessen, war *Barringtons* Antwort. »Diese Aktien als privater Investor zu kaufen ohne in der Lage zu sein, sie aufgrund der Bedingungen wieder zu verkaufen, ist fatal. Der Versuch, diese Aktien in diesem Stadium als Kleinanleger zu verkaufen, ist praktisch unmöglich. Da sind institutionelle Anleger und Unternehmen gefragt. In der Regel werden Pakete von einer halben Million oder deutlich mehr Aktien gehandelt.« Nano MediTech sei ein sehr wertvolles Unternehmen, das müsse man wissen. Sie entwickelten zurzeit leicht aktivierbare Nano-Partikel, die helfen sollten, resistente Bakterien zu bekämpfen. Das sei in der heutigen Zeit, in der viel zu viele Antibiotika verschrieben werden, die dann häufig unwirksam werden, hochinteressant. Natürlich auch für Heuschrecken, Finanzhaie und Wölfe. Diese würden nur auf den richtigen Moment warten, das Unternehmen zu übernehmen. Wenn es nun zu einer aggressiven Übernahme durch diese Kreise komme – und damit rechne er im Augenblick –, sei ein Asset Stripping die wahrscheinlichste Konsequenz, weil die Raider vor allem an den Patenten des Unternehmens interessiert seien. Sind die erst einmal verwertet, hätten der Rest des Unternehmens und damit die Aktien keinen wirklichen Wert mehr. Das müsse der Aktionär wissen, das sei sein Risiko, das er beim Kauf solcher Papiere eingehe. Er wolle damit nicht sagen, dass Mike sein Geld in absehbarer Zeit verliere, aber das Risiko bestehe nun mal. »Alles was ich sagen will, ist«, fuhr *Barrington* fort, »diese Aktien zu kaufen und dann auf Dauer zu behalten, kommt einem finanziellen Selbstmord gleich.«

In einem über halbstündigen Gespräch breitet *Barrington* die Argumente vor Mike aus, die eigentlich nur einen Ausweg offenlassen: 4750 Euro zahlen und eine Viertel Million Euro kassieren oder das Risiko eingehen, dass seine Aktien ihre Werte verlieren.

In diesem Moment des Gesprächs macht Mike sein Gegenüber auf etwas aufmerksam, das ihm seit einiger Zeit aufgefallen ist und das er schon *Carter* mitgeteilt hatte: Die Website »The Sterling Group International« sei nicht mehr zugänglich. Wenn Mike versuche sie aufzurufen, bleibe der Bildschirm weiß. Auf das Problem angesprochen, stutzt *Barrington* einen Moment und sucht dann nach Erklärungen. »Bei mir ist alles in Ordnung«, lässt er Mike wissen. Ob es an seinem Browser liege? Doch Mike hatte es mit mehreren Browsern und mehreren Rechnern versucht, immer vergeblich. Barrington war das Thema unangenehm. Wohl deshalb wechselte er es rasch und kam auf Mikes persönliche Situation zu sprechen. Er könne es sich in seiner Situation gar nicht leisten, auf das Geld – damit meinte er natürlich die 250'000 Euro – zu verzichten. Mike werde einen Weg finden und die fehlenden Euros auftreiben, davon gehe er aus. Er werde ihm mehr Zeit dafür einräumen, damit er nicht unnötig unter Druck gerate. Und dann beginnt er aus heiterem Himmel über die Übernahme der Warren Global Group durch The Sterling Group International zu sinnieren. Eigentlich hätten sie von Seiten der SGI damals nur die institutionellen Anleger von WARREN GLOBAL übernehmen wollen, nicht die Retail Clients. Doch WARREN GLOBAL sei nicht bereit gewesen, das Unternehmen aufzuteilen, sie hätten sicher gewusst warum. So habe man beide Bereiche gekauft. Doch das habe schwerwiegende Konsequenzen nach sich gezogen. Mit den institutionellen Kunden hätten sie keinerlei Probleme gehabt, doch bei den Retail Kunden, den kleineren privaten Anlegern, seien sie immer wieder auf unzufriedene Klienten gestoßen. Er wolle nicht behaupten, so *Barrington*, dass sie WARREN GLOBAL besser nicht gekauft hätten, aber sie seien sehr enttäuscht darüber gewesen, wie deren Berater mit ihren Kunden umgegangen seien. Etliche unzufriedene Anleger hätten ihren Frust im Internet verbreitet und auch auf die SGI übertragen. Andere – auch potenzielle – Klienten, die diese Klagen gelesen hätten, seien – so wie Mike selbst – dadurch verunsichert worden. Viele hätten ihre Investitionsentscheidungen nicht mehr selbst getroffen, sondern von der Meinung Dritter abhängig gemacht. Damit sei die neutrale fach- und sachgerechte Beratung ihrer Klienten für die Mitarbeiter der SGI sehr aufwändig und schwierig geworden. Er finde es ungerecht, dass die Klienten ihre schlechten Erfahrungen mit WARREN GLOBAL nun auf die SGI und ihre Berater übertrügen. *Barrington* war nicht zu bremsen: »Ich denke, GOOGLE ist groß, aber eine Investitionsentscheidung auf der Basis der Meinung unbekannter Dritter zu fällen, halte ich für einen schwerwiegenden Fehler.«

Ein weiteres Problem bei der Übernahme habe der Standortwechsel von Hong Kong nach Tokyo mit sich gebracht. Viele englischsprachige Mitarbeiterinnen und Mitarbeiter seien nicht mitgekommen und hätten gekündigt. Damals hätten sie eine Menge gutes Personal verloren. »Shit happens,« zeigt sich *Barrington* enttäuscht, »aber ich will damit nicht sagen, dass die Übernahme der WARREN GLOBAL GROUP ein strategischer Fehler war, wir bedauern das nicht, denn das Geschäft hat sich seit der Übernahme vor allem bei den institutionellen Anlegern hervorragend entwickelt. Wir stehen zu der Übernahme und tragen die Verantwortung für alle Klienten. Das ist ein Teil unseres Geschäfts.« Deshalb hätten sie auch die Security Bonds für Mike übernommen. Sie wollten den Deal abschließen und aus ihren Büchern haben, um mit Mike in Zukunft zusammenzuarbeiten und an den Kommissionen zu verdienen.«

Dann kam er wieder auf Mikes Entscheidung zu sprechen, wie nun weiter? Wenn er überzeugt sei, die richtige Investitionsentscheidung getroffen zu haben, dann solle er sich von den Äußerungen im Internet nicht länger beeindrucken lassen und die 4750 Euro überweisen. Wenn er keinen Weg sehe, das zu tun, solle er einen Schritt zurücktreten. Er habe volles Verständnis für einen solchen Entscheid, denn er wolle nicht, dass Mike in seiner Situation unter zusätzlichen Druck gerate. Mike stimmte ihm zu. Er habe sich tatsächlich entschieden, einen Schritt zurückzutreten. Was das nun für Konsequenzen habe, wollte er wissen. Die Antwort kam umgehend. Das sei eine spezielle Situation. Mike sei keinem Druck von außen ausgesetzt. Wenn der Handel nach der Freigabe komplett liquidiert sei, werde er ihm die Papiere zustellen, die den umfassenden Abschluss des Deals dokumentierten. »Deine Zahlung für die Kostenübernahme der Gebühren wird in liquider Form belassen, das ist für deinen Schutz, denn sollte der Käufer Schwierigkeiten machen, kannst du ganz unbesorgt sein, dass du dieses Geld auf alle Fälle zurückbekommst.« Es daure drei Arbeitstage, bis er die Bestätigung der Zahlung nach der Freigabe derselben erhalte, weil für den Versand der Aktien Kurierdienste von FEDEX beansprucht werden müssten. Er werde Mike anrufen, sobald die Bank die Vorbereitungen für die Überweisung getroffen habe. Dann werde Mike von der Bank eine Vollmacht-Erklärung erhalten, in der die Zahlungsmodalitäten für die 250'000 Euro festgehalten werden. Mike müsse dieses Schreiben dann bestätigen und an seine eigene Bank weiterleiten, damit auch diese über die bevorstehende Zahlung informiert sei. Wenn das alles erledigt sei, müsse er nur noch eine Mail an die Bank des Käufers schicken und bestätigen, dass er die Daten geprüft habe und alles in Ordnung sei. Wenn dass alles abgeschlossen sei, werde die Anweisung auf sein Konto in der Regel nach ein bis zwei Stunden veranlasst. Zuvor hatte *Barrington* eine von Mike mit den Daten seiner Bank ausgefüllte APPLICATION FOR REPATRIATION OF FUNDS erhalten, so dass dem Procedere ausser den 4750 Euro eigentlich nichts mehr im Wege stand.

Barrington hatte die Abwicklung nonstop vorgeschlagen, bevor Mike verstanden hatte, dass er damit nicht auf den Schritt zurück, den er eingangs gemeint hatte, eingegangen war, sondern auf seine Vorstellung der Fortsetzung des Deals. Er tat sich schwer, Mikes Version zu akzeptieren. Deshalb fuhr er fort: »Du verlierst dein Geld und du verlierst den Gewinn, du hast nur noch deine Aktien.« »Kann ich die sonst irgendwie verkaufen? Gibt es einen Markt für diese Papiere?«, wollte Mike noch wissen. »Nicht auf dem Retail-Level in dieser Situation«, kam die Antwort. »Kannst du das Geld nicht besorgen?« Jedenfalls nicht in drei Tagen, ließ sich Mike hinreißen, die Tür noch einmal zu öffnen. Barrington nahm die Gelegenheit umgehend wahr: »Ich werde dem Käufer eine kleine Unwahrheit auftischen. Ich sage ihm, du bist gerade dabei, ein Investment zu liquidieren, das daure ein paar Tage. So gewinnen wir fünf bis sieben Arbeitstage und dokumentieren formale Anzeichen von Bemühungen und Einverständnis. Ist das in deinem Sinn?« Ob das eine gute Erklärung für 4750 Euro sei, wollte Mike – ironisch verstanden – wissen. »Keine Sorgen, sie werden mir glauben,« versicherte *Barrington*, ohne auf die Anspielung einzugehen, „sie vertrauen mir." Er werde diese Extrameile für Mike gehen, um die Zusammenarbeit in Zukunft sicherzustellen. Deshalb habe er auch die Zahlung der 65'000 Dollar für die Security Bonds übernommen, wiederholte er sich. Er sei davon überzeugt, dass er mit Mike zu einer gütlichen und guten Einvernahme kommen werde. Natürlich durfte die abschließende Frage nicht fehlen: »Bist du nun glücklich über diesen Entscheid?« Ja, er sei zufrieden und werde das Geld organisieren. Fünf Arbeitstage seien genug. Er drücke ihm die Daumen, freute sich auch *Barrington*, dann stehe einer erfolgreichen Zusammenarbeit im nächsten Jahr nichts mehr im Wege.

Bevor er sich verabschiedete hatte, gab er Mike noch einen Tip mit auf den Weg. Er solle doch mal die Website von Nano MediTech besuchen und dort einem Link folgen und anfragen, ob seine Aktien korrekt verbucht seien. Die würden ihm schon mitteilen, was sie in ihren Büchern hätten. Mike folgte seinem Tip und schickte nach dem Gespräch die Anfrage an Nano ab. Nach ein paar Tagen kam die Antwort von der Investor Relations Abteilung mit der Bestätigung, dass Mike dort als Besitzer von 100'000 Aktien eingetragen sei. Mike hätte das beruhigen sollen, doch irgendwie verfehlte das Mail dieses Ziel. Mike blieb verunsichert und hin- und hergerissen wie eh und je. Um einen Ausweg aus dieser Situation zu finden, ging Mike zu seinem Bankvertreter, um über einen kurzfristigen Kredit zu sprechen. Der Banker verstand die Welt nicht mehr und schon gar nicht, dass sich Mike in eine solche Situation hatte reinziehen lassen. Er riet ihm engagiert ab, weiteres Geld zu überweisen, auch wenn es sich dieses Mal »nur« um 4750 Euro handle.

Bevor Mike Inhalt und Resultat des Gesprächs mit seinem Banker *Barrington* mitteilen konnte, erhielt er eine höfliche Erinnerung an den Zahlungstermin und an die gegenseitigen Versprechen; *Barrington* versicherte noch einmal, dass er Mike nicht verraten werde, sondern sich vielmehr persönlich um seine Angelegenheit kümmern und die Auszahlung der 250'000 Euro vorbereiten werde. Doch trotz dieser nochmaligen Zusicherung ließ sich Mike nicht umstimmen und schrieb zurück: Er habe gestern wegen des Kredits mit seinem Bankvertreter gesprochen, doch dieser sei überzeugt, dass die ganze Geschichte nur ein Fake sei und dass Mike das Geld, das er bereits überwiesen hätte, längst verloren habe. »Kein institutioneller Anleger würde je mit nicht registrierten und regulierten Unternehmen, zumal wenn sie so wenig Transparenz böten wie Nano und die Sterling Group International, zusammenarbeiten. Das sei undenkbar«, gab Mike die Meinung seines Bankers wieder.

Die Antwort ließ nicht lange auf sich warten. »Genug ist genug«, schrieb Barrington erzürnt, aber wohl auch enttäuscht zurück. »Du solltest deine Entscheidungen selbst treffen. Der Kommentar deines Bankers über die fehlende Transparenz ist lächerlich... Solltest du meinem Rat nicht folgen, begehst du den größten Fehler deines Lebens. Du kannst deinem Banker dafür danken. Ich wünsche dir das Beste für deine künftigen Bemühungen.« Mike konnte nicht umhin, ihm noch einmal zu antworten. Er verstehe seine Enttäuschung, doch seine Geringschätzung der Transparenz teile er nicht. Genau diese sei schließlich sein größtes Problem. »Bis heute habe ich außer einer langen Reihe von Mails, Telefonanrufen, Remittance Instructions und Versprechen nichts Verwertbares von SGI erhalten.« Dann forderte Mike *Barrington* auf die Nano-Papiere zu verkaufen und ihm den Ertrag zu überweisen. Anschließend werde er die ausstehenden Kosten überweisen und mit ihm weitere Geschäfte einfädeln. Denn dann hätte er endlich die Erfahrung gemacht, dass seine Investitionen Früchte trügen. »Ich bin überzeugt, dass du mich verstehst.« Das war am 28. Oktober 2016 und der letzte Kontakt, den er mit *Daniel G. Barrington*, dem Director of Portfolio Structuring and Management hatte, nicht aber mit der SGI.

Max Axelman eilt mit ganzem Team zu Hilfe

Mitte November 2016 rief *Max Axelman*, Chief Risk Officer und Partner, der Sterling Group International, bei Mike an. Er müsse ihm mitteilen, dass *Michael* – er meinte damit wohl *Michael Belmonte* – die Firma aus familiären Gründen verlassen habe, wann er mit ihm zuletzt Kontakt gehabt habe, wollte er wissen. Das sei schon so lange her, dass er sich nicht genau daran erinnere, aber er könne das nachsehen, entgegnete ihm Mike. Inzwischen habe er mit anderen Personen aus dem SGI-Umfeld zu tun gehabt, zuletzt mit *Daniel G. Barrington*. Es sei um die Liquidierung seiner Nano-Aktien gegangen, aber da habe ihm bislang keiner helfen können. *Axelman* konnte mit der Nano-Story offensichtlich nicht viel anfangen. Seine Erklärung dafür war einfach und interessant zugleich: Er sei erst vor zwei Wochen bei der SGI eingestiegen. Er habe einen Anruf aus London erhalten und habe sofort angedockt, obwohl er mit seiner Familie über Weihnachten nach Brasilien in die Ferien fahren wollte. Wenn er könnte, würde er Mike sofort helfen, aber es gebe mehrere hundert andere Klienten, deren Probleme vor den Feiertagen zu bereinigen seien. Er arbeite mit einem Team von Experten, die jeden Kontrakt, jedes Konto unter die Lupe nehmen und prüfen würden, was zu tun sei. »Sie unterstützen mich bei meiner Analyse und meinen Entscheidungen.« In etwa drei Tagen werde er sich wieder bei Mike melden und das weitere Vorgehen mit ihm besprechen. Mike hatte seine Hoffnung inzwischen auf die Rückzahlung seiner Investitionen reduziert, den großen Gewinn hatte er in seinem Kopf ad acta gelegt. Wenn er nur das investierte Geld zurückerhielte... Was er denn mit dem Geld machen würde, wenn er 100'000 Dollar noch vor Weihnachten zurückerhalte, wollte Axelman dann doch noch wissen. Er könne sich gut vorstellen, neue Investments zu tätigen, aber erst wolle er das Geld mal auf seinem Bankkonto sehen, bevor er über seine Verwendung nachdenke, war Mikes Antwort. *Axelman* hielt dagegen: Er wolle ihm nur zu verstehen geben, dass er ihm jeden Service anbieten werde, um Geld zu verdienen und sich und seine Familie für die Zukunft finanziell abzusichern.

Am 22. November ließ *Axelman* wieder von sich hören. Sein Team und er machten gute Fortschritte bei der Aufarbeitung der Konten und hätten gerade damit begonnen, die ersten Kunden auszuzahlen. Bei Mike sei er noch nicht so weit, doch bis Weihnachten sollte alles unter Dach und Fach sein, gab er sich überzeugt. Er bat Mike um etwas mehr Zeit für seine Vorbereitungen und machte einen neuen Gesprächstermin mit ihm ab: nächsten Donnerstag, drei Uhr nachmittags. Da sie hunderte von Kunden hätten, mit denen sie Gespräche führten, entschuldigte sich Axelman abschließend, könne es fünf Minuten später werden...

Fast pünktlich, am 24.11.2016 um 15:30 Uhr meldete sich bei Mike das Telefon, es war *Max Axelman*, höflich und korrekt. Nach ein paar Begrüßungsfloskeln erklärte er Mike erst einmal seine Funktion und Aufgaben. Als Chief Risk Officer obliege ihm und seinem Team die Aufgabe, alle Konten seiner Kunden hinsichtlich deren Sicherheit, Betrugsrisiken und Einhaltung der Vereinbarungen zu überprüfen. Zu seinem Team gehörten zwei Personen in New York, je eine in Los Angeles und in London und er selbst. »Im Team verfügen wir über den für diese Aufgaben nötigen ökonomischen wie juristischen Hintergrund. Und wir werden den Prozess bis Weihnachten durchziehen. Deshalb arbeiten wir auch bis zu 14 Stunden am Tag und das auch über das Wochenende.« Nachdem er Mike mit diesen Aussagen zuversichtlich gestimmt hatte, rollte er die wichtigsten Nano-Etappen und -Probleme mit Mike nochmals aus. Anschließend befragte er ihn über seine persönliche Situation, die bekanntlich alles andere als rosig war, und auch über seine wirtschaftliche und damit auch finanzielle Lage. Am Ende des Jahres werde er in Rente gehen, gab Mike *Axelman* zur Auskunft. Doch in den letzten Monaten seien seine Aufträge zurückgegangen, neues Geld käme nur spärlich. Dafür habe er immer noch Verpflichtungen, die zu erfüllen seien. Seine Rücklagen und Ersparnisse habe er in Nano investiert, wobei er dabei sehr viel mehr Geld benötigt habe, als er geplant hatte. Deshalb warte er jetzt sehnsüchtig auf die Liquidierung der Aktien und die Rückzahlung seiner Investitionen. Ob er Kinder habe, wollte der CRO dann noch wissen, was er beruflich getan und ob er Erfahrungen mit Aktienanlagen gemacht habe. Mike gab ihm die Auskünfte, stellte ihm dann aber die Frage, die ihm sein Vorgänger *Barrington* schon nicht beantwortet hatte: »Was ist mit der Sterling Group International passiert? Ich kann die Website schon seit Wochen nicht mehr öffnen. Es kommt nur eine weiße Seite.« Auch *Axelman* gab sich überrascht und versprach, der Sache im Anschluss an das Telefongespräch nachzugehen. Er werde die Ursache für Mike herausfinden und ihm mitteilen. Dann versprach er, Mike anfangs nächster Woche wieder anzurufen und ihm eine Lösung zu präsentieren. Mike war beruhigt, aber vor allem gespannt auf das, was da kommen sollte.

Als nächstes kam ein Letter of Liquidation, in dem The Sterling Group International in Partnerschaft mit der Mauritius Commercial Bank »unwiderruflich versprachen«, die 100'000 Nano-Aktien zum Nennwert von 1.0 Euro pro Stück zu liquidieren. Im Verlauf von 72 Stunden sollten ihm dann 150'000 Euro überwiesen werden. Nach der Bestätigung, dass Mike sein Geld erhalten habe, werde ihm ein Formular zur Übertragung des Eigentums an seinen Aktien zugesandt. Damit werde das Eigentum an den Aktien auf den Käufer übertragen, wird im Schreiben fett und unterstrichen hervorgehoben. Unterschrieben hatte das Papier *Max Axelman*.

Mike konnte eigentlich nichts mehr überraschen, was mit der SGI zu tun hatte. Doch kurz vor dem Letter of Liquidation hatte er eine Forderung in Höhe von 10'930 Dollar erhalten, die er sich nicht erklären konnte. Wofür, wollte er umgehend von *Axelman* wissen, er das Geld zahlen und wie er das neue Angebot mit dem seines Vorgängers, *Daniel G. Barrington*, das immerhin 250'000 Euro betrug, verstehen solle? Die Antwort kam umgehend: Bei der Kontrolle seines Kontos hätten sie festgestellt, dass Mike Nano-Aktien mit einem Rabatt von 50 Prozent gekauft habe. Vor der Liquidierung müsste er 100 Prozent der Aktien besitzen, also die zweite Hälfte hinzukaufen, argumentierte der CRO. Das habe er längst getan, antwortete Mike, konnte aber im Augenblick nicht genau sagen, wann das gewesen war. Aber er erinnerte sich an diese Argumentation, doch das war schon ein paar Monate her. Er werde das nachsehen und *Axelman* eine Kopie von der Anweisung schicken.

Irritiert und skeptisch mailte Mike den Letter of Liquidation umgehend an die Mauritius Commercial Bank. Er wollte von ihr wissen, ob der Inhalt des Schreibens korrekt sei und die Bank mit der herausgebenden Firma tatsächlich zusammenarbeite. Es dauerte zwar ein paar Tage, aber nach einem einmaligen Nachfassen erhielt er von dort eine kurze, aber eindeutige Antwort: »Vielen Dank für Ihre Anfrage. Bitte ignorieren Sie das Dokument als Spam.« Damit war das erhoffte Weihnachtsgeschenk für Mike einmal mehr vom Tisch. Und er erwartete auch nicht mehr, von *Axelman* oder irgend jemand sonst kontaktiert zu werden. Er zahlte jedenfalls keinen Cent mehr und sah auch keinen Sinn mehr darin, jetzt noch die Bestätigung der Zahlung für die zweiten 50 Prozent der Nano-Aktien zu schicken, denn er ging davon aus, dass die Kontakte zur SGI damit beendet seien. Doch da sollte er sich täuschen.

Immerhin waren Weihnachten und der Jahreswechsel längst vorüber, als *Max Axelman* wieder anrief. Es war der 19. Januar 2017. Zu Mikes Überraschung sprach er Deutsch. Ob er nicht dabei bleiben könne, wollte Mike von ihm wissen, aber das könne – und das dürfe – er nicht, aus Sicherheitsgründen sei Englisch vorgeschrieben, kam die Antwort. Sein Großvater sei Deutscher gewesen, verriet der CRO Mike, das verrate ja schon sein Name. Und dann kam er geradlinig auf das Geld zu sprechen, das er von Mike noch erwarte: 10'930 US-Dollars. Vor Weihnachten hatten sie sich schon deshalb mit Worten duelliert, aufgrund eigener Recherchen hatte er offenbar nicht erkannt, dass Mike dieses Geld für die Aufstockung der Nano-Aktien bereits angewiesen hatte. Das war am 21. April 2016 geschehen. Der Eingang des Geldes wurde auf dem Kontoauszug durchaus vermerkt, aber da der Eingang mit dem Verkauf der ersten verbilligten Hälfte der Aktien aufgerechnet worden war, wurde nicht auf den ersten Blick ersichtlich, dass Mike nun tatsächlich die Aktien zu 100 Prozent bezahlt hatte. Als Mike *Axelman* von diesem Akt überzeugt hatte, unterbrach dieser das Gespräch. In einer halben Stunde werde er sich wieder melden. Doch dieses Mal dauerte es etwas länger, bis er sich eine neue Exitstrategie für Mikes Nano-Aktien zurechtgelegt hatte. Erst eine Woche später rief er an und bot ihm den Verkauf seiner Aktien mit einem Gewinn von 165 Prozent an. Das Angebot in Form des Letters of Liquidation war damit aus den Traktanden gefallen und wurde mit keinem Wort erwähnt. Mike könne, wie 2000 andere Klienten, von einem Paketankauf von 50 Millionen Aktien profitieren. Dieses Paket, das ein institutioneller Anleger übernehmen wolle, sei in kleinere Blöcke von 250'000 Aktien aufgeteilt, die von Privatkunden beigesteuert werden könnten. Da Mike über 100'000 Aktien verfüge, müsse er noch 150'000 Aktien erwerben, um seinen neuen Block mit 165 Prozent Gewinn zu verkaufen. Da dieser Zukauf Mikes finanzielles Potenzial deutlich überstieg, bot ihm *Axelman* die Aktien einmal mehr zu einem »institutional price« von 50 Cents pro Stück an. Mike konnte nur staunen. Erst kürzlich hatte er solche direkten Aktien gekauft, die daraufhin für den weiteren Prozess nicht akzeptiert wurden, jetzt sollte er dasselbe Spiel noch einmal mitmachen? Er konfrontierte *Axelman* mit dieser Erfahrung, Er verstehe, meinte der nur lakonisch. »Ich offeriere dir die direkten Aktien zum institutionellen Preis von 50 Cents pro Stück. Ich bin überzeugt, dass ich dir damit ein Angebot gemacht habe, das du bewerkstelligen kannst. Ich tue das, um dir zu helfen. Ich habe einen Partner in einem Unternehmen, der das Recht hat, solche Aktien zu verkaufen.« Mike platzte beinahe der Kragen. Er hätte ihm, *Axelman*, und seinen Vorgängern seine finanzielle Lage mehrfach geschildert, aber ein für ihn akzeptables Angebot habe er bislang nicht erhalten. Er wolle nur sein investiertes Geld zurück. Das sei genau das, was er ihm vorgeschlagen hätte, konterte *Axelman*, er werde sein Geld zurückerhalten und zusätzlich einen Gewinn von 155 Prozent. Wenn er die Nano-Aktien einfach so am Markt verkaufen könnte, hätte er das längst getan, dann hätte er sich viel Mühe und viele Telefongespräche sparen können, verteidigte der CRO seine geniale Idee. Mike habe nun mal ein Investment in illiquide Assets mit einem hohen Gewinnpotenzial getätigt, da gebe es auf der anderen Seite nur wenige Interessenten für den Kauf, wenn es um so kleine Pakete gehe. Ob er die Argumentation verstehe, wollte *Axelman* wissen. Mike nickte ins Telefon. Er solle das aufschreiben, setzte der CRO seine Ausführungen fort. »50'000 direkte Aktien zu 50 Cents sind 25'000 US-Dollars. Wenn ich einen meiner privaten Klienten dazu gewinnen könnte, der auch in diesen Aktien investiert ist, ebenfalls 25'000 Aktien zu erwerben, könntest du heute den verbleibenden Betrag von 12'500 Dollar überweisen?« Mike wies auch dieses Ansinnen entschieden ab. Er könne nicht einmal 250 Dollar überweisen, ob er das nicht verstanden habe, wollte er von *Axelman* wissen. Doch, doch, aber Mike solle doch nicht so pessimistisch sein. Er habe doch früher schon jahrelang in Aktien investiert, ob er damals mit jedem Kauf reüssiert habe? Die Antwort auf das »natürlich nicht« von Mike kam sofort. »Siehst du, der Grund dafür ist, dass überall Menschen an den Prozessen beteiligt sind. Da geschehen halt Fehler.« Das sei auch ihnen schon passiert, nicht oft, aber hier und da. Und dann nahm er Mikes Behauptung auf, Nano sei ohnehin nur eine Märchenfirma, eine virtuelle Organisation. Ob er jemals Kontakt zu Nano gehabt habe, wollte *Axelman* wissen. Ja, das habe er, gab Mike zurück, er habe auch eine Antwort auf sein Mail erhalten, aber das sei so wenig glaubwürdig wie die Website selbst. Er habe auf der anderen Seite Erkundigungen beim südkoreanischen Nano-Verband eingeholt, ob das Unternehmen Nano-MediTech dort bekannt sei. Die Antwort, die er bekommen habe, sei negativ gewesen. Er könne deshalb nicht an Nano MediTech glauben.

Das Gespräch zog sich hin. Als Mike erzählte, dass er an einem längeren Artikel über seine Erfahrungen mit SGI etc. schreibe, wurde *Axelman* hellhörig. Ob er schon diskreditierende Informationen über SGI publiziert habe, wollte er wissen. Nein, das werde er auch nicht tun, er werde nur über seine Erfahrungen berichten, über das, was ihn sein Engagement gelehrt habe, realitätsnah und nüchtern. Seine Leser sollten sich selbst ihre eigenen Gedanken darüber machen. So, so, unterbrach ihn *Axelman*, er habe seine Entscheidungen auf der Meinung anderer Leute im Netz getroffen, nun wolle er dazu beitragen, dass Dritte das auf Basis seiner Informationen tun. Es sei ihm doch geläufig, fuhr *Axelman* fort, dass sich schlechte Nachrichten schneller im Netz verbreiteten als gute. Das sei ihm nicht neu, entgegnete ihm Mike, dennoch habe er nicht eine gute Botschaft über Nano oder SGI gefunden, es gäbe sie ja wohl, *Axelman* solle ihm doch solche zustellen. Doch der ging nicht auf diese Aufforderung ein, sondern führte ein weiteres – durchaus überzeugendes – Argument ins Feld. »Die meisten unserer Kunden leben in Europa. Was haben all diese Investoren gemein? Genau, sie alle geben einen Großteil ihrer Gewinne aus Anlage- und Aktiengeschäften über Steuern an den Staat ab. Die Höhe ist von Land zu Land unterschiedlich, aber zum Teil bedenklich.« Ob er, Mike, nun im Internet verbreiten würde, wenn er einen hohen Gewinn über SGI oder eine andere nicht registrierte Organisation realisiert hätte, um Millionen von Mitbürgern – seine Steuerbehörde inbegriffen – darüber in Kenntnis zu setzen? Mike blieb nur eine Antwort: »Wohl kaum.« »Und wie reduziert man seine Steuerbelastung auf Investitionen?« *Axelman* musste seine Frage nicht selbst beantworten, sie lag auf der Hand: Man legt Geld dort an, wo es nicht versteuert wird.

»Dein Geld ist nicht verloren«, kam der CRO auf sein Hauptanliegen zurück. »Es ist bei Nano zurzeit nur blockiert. Ich bin sehr direkt, das habe ich von meinem Großvater, wenn dein Geld verloren wäre, würde ich dir das umgehend mitteilen. Aber dem ist nicht so.« »Dein Ansinnen und das der SGI ist einzig, noch mehr Geld von mir zu bekommen,» setzte Mike den Disput fort, was *Axelman* natürlich nicht gelten lassen wollte. »Ich rede heute nicht mit dir, weil ich mehr Geld von dir will«, kam die Antwort. »Nein?« gab Mike zurück: »Und was ist mit den 25'000 Dollars, über die wir gerade erst gesprochen haben?« Da musste sogar der CRO etwas zurückstecken. Das sei ja nur ein Aspekt aus seinem Hilfsangebot gewesen. Er wolle Mike helfen, sein Geld zurückzubekommen. Er sei Chief Risk Officer und er sei Junior-Partner von SGI, dafür habe er persönlich sehr viel Geld investiert. Jetzt wolle er mit Mike in Zukunft weiter zusammenarbeiten. Zuvor müsse er für ihn eine akzeptable Exit-Strategie finden, damit er wieder zu seinem Geld komme. Es gäbe vielleicht noch einen anderen Weg, schoss ihm da ein Gedanke durch den Kopf, doch dafür müsse er auf den Margin Account seiner Firma zurückgreifen. Das sei das Trading-Konto, auf dem das Unternehmen Geld liegen habe, mit dem es selbst Geschäfte tätigen, das sie aber auch für ihre Kunden einsetzen könnten, wenn es die Umstände nahelegten. Ob Mike daran interessiert sei, wollte er zum Abschluss des fast dreiviertelstündigen Gesprächs wissen. Dann werde er sich jetzt mit einer Brokerfirma in Verbindung setzen und abklären, ob sie ihn unterstützen könnten. Er melde sich bald wieder bei Mike.

Nach kurzer Zeit war er wieder da. Er habe mit dem Director of Trading gesprochen und ihm die Situation geschildert. Der habe eingewilligt, 88'000 Aktien auf eigene Rechnung zu kaufen schließlich wollten sie selbst auch am Deal verdienen, dann blieben für Mike noch 12'000 zu finanzieren, das wären bei einem Preis von 50 Cents pro Aktie noch 6000 Dollar. »Wenn du das erledigt hast, ist der Deal komplett, du bist draußen und erhältst dein investiertes Geld mit einem Gewinn von 155 Prozent zurück. Macht das Sinn für dich?« Mike konnte nur fragen, wo er denn diese 6000 Dollar hernehmen solle und ob SGI nicht gleich das gesamte Paket von 100'000 Aktien übernehmen und damit Geld verdienen wolle. Für SGI seien 6000 Dollar nun wirklich kein nennenswerter Betrag. »Ich habe mit diesem Betrag schon so viel Liquidität beansprucht wie möglich. Die Grenzen für Eigeninvestments und Kundengelder sind limitiert. Zudem sind wir keine Wohltätigkeitsorganisation und werfen das Geld nicht aus dem Fenster. Sobald wir über keine oder zu wenig Liquidität verfügen, verlieren wir potenzielle Hebelwirkung und gefährden damit unser ganzes Geschäft.« Mike nahm *Axelmans* Erklärung zur Kenntnis. Für ihn war allerdings auch klar, dass dieser Vorschlag keinen Ausweg aus seinem Dilemma öffnen würde. Er teilte *Axelman* das mit, doch dieser gab immer noch nicht auf. Dann solle er doch zur Bank gehen und sich einen Kredit geben lassen, war seine Antwort. Er könne sich doch nicht die ganze Rückzahlung durch die Lappen gehen lassen, nur weil ihm 6000 läppische Dollar fehlten, hielt er Mike unter die Nase. Wenn er doch sonst keine Hypothek, keine Schulden oder Verpflichtungen hätte, würde ihm die Bank sicher zu diesem kurzfristigen Kredit verhelfen. Aber sicher nicht innerhalb von zwei oder drei Tagen und sicher auch nicht ohne Sicherheit, war Mike überzeugt – und schon gar nicht seine Bank, denn mit deren Vertreter habe er gerade erst wegen eines Kredits geredet. Aber er könne ja seine Nano-Aktien als Sicherheit hinterlegen..., warf Mike ein. Kein Problem, war *Axelmans* Antwort, wohl wissend, dass das nicht möglich war. Er könne Mike nur raten, den Kredit aufzunehmen, er rede derweil mit dem Käufer und ersuche ihn um ein paar Tage Geduld. Er könne Mike nicht garantieren, dass der darauf eingehe, aber er versuche es wenigstens. Er tue ohnehin alles, was in seiner Macht stehe, um für Mike einen Ausweg zu finden. Sein Geld, versicherte er nochmals, sei nicht verloren, es stecke nur fest. Ob Mike mit seinem Vorschlag einverstanden sei, dass er den Käufer hinhalte und Mike selbst versuche, einen Kredit zu bekommen, wollte *Axelman* zum Schluss des Gesprächs noch wissen. Mike entschuldigte sich bei ihm für die vielen Umtriebe, die er ihm gemacht habe, sagte dann aber auch zu, eine Bank oder einen Kreditgeber aufzusuchen. Damit hatte das Gespräch einmal mehr einen versöhnlichen Abschluss gefunden. Doch Mike war seinem Ziel, wenigstens seine Aktien loszuwerden, keinen Schritt nähergekommen.

Vier Tage später ging die Diskussion von vorne los. Er habe den Käufer gesprochen und ihn bis 17 Uhr vertröstet. Mehr Zeit habe er nicht herausholen können, gab *Axelman* Mike zu verstehen. Was er in der Zwischenzeit unternommen habe? Wo sie jetzt ständen? Als Mike ihm zu verstehen gegeben hatte, dass er die 6000 Dollar nicht auftreiben konnte, wiederholte sein Gegenüber den Vorschlag, es über das Internet zu versuchen: »Dort gibt es Abertausende von Unternehmen, die anderen Menschen Geld leihen wollen und das für einen geringen Zins. Du brauchst nur 6000 Dollar, das ist nicht viel Geld, ich bin sicher, da ist jemand, der dir das Geld gerne ausleiht.« Aber wohl kaum für einen geringen Zinssatz, konnte Mike gerade noch intervenieren, bevor *Axelman* wieder mit dem großen Gewinn winkte. »Der Käufer will dir die Aktien für 2.65 Dollar abkaufen. Weißt du noch, was du dafür bezahlt hast? Genau, einen Dollar. Du machst also einen Gewinn von 165 Prozent. Korrekt?« Er sei bereit, seine Aktien für 2 Dollar statt 2.65 Dollar zu verkaufen, warf Mike ein, dann könne der Käufer billiger kaufen, müsste ihm aber das nötige Geld für den Kauf vorstrecken. Er verstehe den Vorschlag, aber es handle sich hier um einen institutionellen Käufer, zudem müsse er 50 Millionen Aktien verkaufen, da seien solche Vereinbarungen nicht möglich, kam die Antwort des CRO. Mike hatte Verständnis dafür und wetterte gegen *Axelmans* Vorgänger, die ihn in diese Situation manövriert hatten. Er sei nie ein institutioneller Anleger gewesen, das hätte er auch im Account Application Form(ular) festgehalten. Doch interessiert hätte das niemanden. Sein Gegenüber verschonte er von diesem Vorwurf, denn allen Erfahrungen zum Trotz glimmte in Mike immer noch ein kleiner Funke Hoffnung, dass er eine Person auf Seiten der SGI finden würde, die ihm einen Ausweg aus seiner Situation auftun könnte. Aber ob er wirklich daran glaubte, konnte er selbst nicht sagen. Auch *Axelman* wollte noch nicht aufgeben, er überzeugte Mike, sich an den Computer zu setzen und sich dort einen Kredit zu sichern. Er werde nochmals mit dem Käufer reden und ihn hinhalten. Aber lange könne er das nicht mehr tun. Er ließ Mike etwa 2.5 Stunden Zeit, den Kredit zu organisieren. Dann werde er sich wieder melden.

Als er das am späten Nachmittag desselben Tages tat, kam Mike zu spät ans Telefon, deshalb kam das Gespräch erst am nächsten Morgen zustande. Er habe mit dem Käufer gesprochen und ihm für den heutigen Tag Mikes definitiven Entscheid zugesagt. Wolle bzw. könne er die 6000 Dollar aufbringen und zahlen oder nicht? Als Mike dies einmal mehr verneinte, zog *Axelman* den Strick, an dem Mike baumelte, noch fester. Er habe neue Informationen für Mike, und es sei seine Pflicht, ihn jetzt davon zu unterrichten. Nano sei gerade dabei, sich auf ein Stripping ihrer Assets vorzubereiten. Ob er wisse, was das bedeute? Mike erinnerte sich, von diesem Risiko vor gut einem Monat von *Daniel G. Barrington* gehört zu haben. Danach stand dieses Thema nie mehr zur Diskussion. *Axelman* fuhr fort und verwies Mike auf einen entsprechenden Beitrag auf einer Web-Plattform, wo der Begriff und all seine Konsequenzen für den Investor im Detail erklärt werden. Nano habe bereits begonnen, seine Assets zu verkaufen, weil es seine Risikokapitalgeber nicht mehr befriedigen könne. Was werden die Konsequenzen für den Wert der Aktien sein, wollte der CRO nun von Mike wissen. Der Wert werde fallen, war diesem klar, sofern die Aktionäre an dem Erlös aus dem Verkauf der Unternehmensteile nicht beteiligt würden. »Exakt«, kam die Antwort. »Das bedeutet, dass die Aktien, egal von wem sie gehalten werden, wertlos werden. Und zwar rasch.« Es sei seine Pflicht, fuhr *Axelman* fort, ihn über diese Entwicklung zu informieren.

Mike sei im Besitz von 100'000 Aktien – korrekt? – und er und seine Firma hätten ihm helfen wollen, diese Papiere rechtzeitig zu verkaufen. Doch Mike habe ihre Vorschläge nicht angenommen. Jetzt könne er die Lage nicht mehr ändern. »Das erstaunt mich überhaupt nicht, dass sich die Lage jetzt zuspitzt. Aber so findet die Nano-Geschichte endlich ihr Ende.« Die Story, die er, *Axelman*, und seine Vorgänger, ihm erzählt hätten, sei ohnehin eine ganz andere, eher ein Märchen gewesen, denn seines Erachtens habe es diese Nano MediTech überhaupt nicht gegeben, also könne sie jetzt auch kein Asset Stripping einleiten. Ob er denn die Website von Nano MediTech nie besucht habe, wollte *Axelman* nochmals wissen. Doch das habe er, bestätigten Mike, aber diese Website sei wie ein Märchenbuch mit wunderbaren Geschichten und Versprechen, aber ohne Investoren-würdige Facts über das Unternehmen, seine Marktchancen und Risiken. Während der gesamten Laufzeit habe er keine Aktualisierungen oder Änderungen auf der Site gefunden. »Mike, du hast das nicht richtig verstanden«, warf *Axelman* ein, »Nano ist keine gelistete Firma. Ihre Direktoren sind nicht verpflichtet, irgendwelche Informationen an die Öffentlichkeit zu richten.« Ob er das einsehe? »Ich habe dich über die Risiken in Kenntnis gesetzt, o.k.? Hast du Beweise dafür, dass Nano MediTech nicht existiert, wie du behauptest?« Jetzt musste Mike zugeben, dass er über Indizien verfüge, von Aussagen Dritter etc., aber nicht über einen handfesten Beweis für die Nichtexistenz des Unternehmens. Aber er arbeite daran und werde diesen Beweis schon noch erbringen. Er werde in seiner Publikation, die er über Nano & Co. vorbereite, darauf eingehen. »Du siehst, wo kein Körper ist, ist auch kein Mörder,« unterbrach ihn *Axelman*. »Schicke mir doch bitte eine Kopie des Briefumschlags, den du an die SGI geschickt und der zurückgekommen ist. Ich möchte sehen, dass ich in einer Firma arbeite, die es nicht gibt.« Und dann forderte er Mike einmal mehr auf, sich an seinen Rechner zu setzen und die Adresse der SGI einzutippen. Er buchstabierte die Adresse sogar: *www. thesterlinggroupinternational.com*. Bei Mike blieb der Bildschirm weiß (inzwischen erscheint dort ein anderes Bild). Nach weiteren Erklärungsversuchen entschied sich *Axelman*, das Technik-Team im Haus aufzusuchen und sie um eine Erklärung zu bitten. Kurz später meldete er sich wieder – mit einer Erklärung für die fehlende Website. »Als ich die Site heute morgen angeklickt habe, war alles i.O.«, erläuterte er. »Aber in London war sie nicht o.k. Das IT-Department hat mir nun mitgeteilt, dass sie aus Sicherheitsgründen in den Construction Modus gewechselt sind. Sie wollen damit möglichen Cyberattacken und Internetbetrug vorbeugen.« »Und dafür brauchen sie eine Menge Zeit,« warf Mike ironisch dazwischen, denn schließlich war die Site schon über drei Monate weiß. Doch Axelman ging nicht darauf ein, sondern rückte mit einer weiteren Neuigkeit heraus. »Ich habe weitere wichtigere News für dich. Wir werden in Kürze mit einem anderen Finanzunternehmen fusionieren oder von diesem übernommen werden. Ich kann dir nicht sagen, welches Unternehmen das sein wird, weil die Verträge noch nicht unterzeichnet wurden. Aber ich werde mit dir in Kontakt bleiben und dich auf dem Laufenden halten.« Damit verabschiedete er sich von Mike und ließ auch nichts mehr von sich hören.

Richard Rooneys phantastische News haben einen Haken

Einen Monat später, anfangs März 2017 dockte die Sterling Group International wieder bei Mike an. Hatte dieser gemeint, seine Achterbahnfahrt mit Nano sei endlich vorüber, so hatte er sich getäuscht. Die verantwortungsbewussten Leute von der SGI wollten einfach, dass er zu seinem Geld kam. Wollte er das nicht einsehen? Doch natürlich, aber er wollte sein investiertes Geld zurück, ohne vorher nochmals neues Geld, das er ohnehin nicht hatte, hinterher zu schicken. Seit langer Zeit hatte er das allen, die in der Angelegenheit Kontakt mit ihm suchten, mitgeteilt. Zwar war er vordergründig damit auch auf Verständnis gestoßen, aber bisher obsiegten bei den SGI-Leuten ausnahmslos Lösungsangebote, bei denen er vor der Auszahlung nochmals selbst in die Tasche greifen musste. Jetzt versuchte *Richard Rooney*, Mike auf eine weitere Reise ins Glück mitzunehmen. Erst einmal entschuldigte er sich bei Mike für den bisher wohl nicht zufriedenstellenden Service, den Mike von seinen Vorgängern erfahren habe, denn stellte er ganz überrascht die Frage, was in aller

Welt denn mit seinem Konto geschehen sei. Da sei ja immer wieder Geld eingegangen, aber niemals auch nur ein Dollar ausbezahlt worden. »Stimmt das?«, wollte er von Mike wissen. Und auf die Antwort, das sei absolut korrekt und er warte immer noch auf sein Geld, fuhr *Rooney* fort: »Warum sitzt du immer noch auf diesen Aktien? Warum hast du sie nicht längst veräußert?« Anfangs habe er mehrmals Geld

STERLING
GROUP INTERNATIONAL

Shinjuku Center Building
1 Chome-25-1
Nishishinjuku
Shinjuku-ku
Tokyo 160-023
Japan

Richard Rooney
Vice President of Corporate Strategy

richard.rooney@thesterlinggroupinternational.com

TEL: +81 3 6745 5309
www.thesterlinggroupinternational.com

überwiesen, als sein Konto leer war, habe er keine weiteren Anweisungen mehr tätigen können. »Du hast doch kein Geld mehr zu schicken, du hast 220'000 Aktien gekauft, die gehören dir.« Mike wusste, dass es nur 100'000 waren, aber er ging nicht auf diesen Versprecher ein. Es gäbe durchaus Trades, fuhr *Rooney* fort, »bei denen

es üblich ist, Gebühren etc. vor der Auszahlung zu zahlen.« Er entschuldigte sich für seine Firma, dass niemand Mike in dieser Sache vor dem Deal erklärt habe, wie komplex gewisse Händel seien. »Kunden so zu verärgern wie dich, kommt dem Todesurteil für die Firma gleich. Wir brauchen unbedingt neue Kunden, aber wenn Kunden so behandelt werden, kommen die mit Sicherheit nicht wieder. Ich möchte nicht in deinen Schuhen stecken,« stimmte er Mike zuversichtlich, »aber wir sollten nicht über die Vergangenheit sondern über die Zukunft sprechen.« Ob und ggf. wie er ihm helfen könne, wisse er zum aktuellen Zeitpunkt noch nicht, aber er werde eine Lösung finden, Mike auszuzahlen. »Sollte ich ein Angebot für einen Dollar pro Aktie finden, wärst du damit einverstanden, deine Aktien zu verkaufen?« Mike war selbstverständlich einverstanden und gab ihm freie Hand, die Wertpapiere zu jedem Preis zu verkaufen, nur nicht gerade für null Dollar. Er bedankte sich, weil diese Information sein Leben einfacher mache und er viel Zeit sparen würde, eine akzeptable Lösung zu finden. Er bedankte sich für Mikes Geduld, er werde ihm seine Business Card schicken und sich so rasch wie möglich wieder melden.

Knapp zwei Wochen später war er wieder am Draht. Er habe noch keine Lösung gefunden, ließ er Mike wissen, aber er wolle, dass er wisse, er sei noch immer auf der Suche. Dann wiederholte er seine Frage nach dem Mindestpreis, den Mike zu akzeptieren bereit sei. Mike wiederholte seine Aussage, jeder Preis über Null sei akzeptiert. Er werde dafür sorgen, dass die Null nicht ins Spiel komme, denn schließlich wolle er auch etwas verdienen, und sein Verdienst hänge vom Preis ab, den er aushandeln könne. »Es wäre für mich eine ausgesprochene Freude, sollte ich die verantwortliche Person sein, die dich von dieser Achterbahnfahrt erlöst. Bitte habe noch etwas

Geduld.« Damit verabschiedete er sich und legte auf. Fünf Tage später ging's weiter. Es sei nur ein kurzer Anruf, denn er habe nicht viel Zeit, sei in vielen Meetings gewesen und nun auf dem Weg in ein weiteres. Dafür habe er aber tolle Nachrichten für Mike. Er warte gerade auf ein Angebot, das er annehmen könne. In 24 bis 48 Stunden wisse er mehr. Dann käme er wieder auf Mike zu.

Nach 48 Stunden war es tatsächlich soweit. Mike war gespannt, und *Rooney* liess die Katze gleich aus dem Sack. Er sei in Eile, aber er habe »phantastische Neuigkeiten« für Mike. »Mein Unternehmen ist bereit, dir 2.10 Euro pro Aktie zu zahlen. Da gibt es nur noch ein kleines Hindernis. Deine Aktien sind C-Aktien. Für den Verkauf brauchst du aber A-Aktien. C-Aktien können nur direkt von Hedgefonds, institutionellen Anlegern etc. gehandelt werden. Der Handel von A-Aktien geschieht am Aktienmarkt.« Die Umwandlung sei rasch erledigt und koste nur 10 Cents pro Aktie. Das mache gerade mal 22'000 Euro. Nach dem Eingang des Geldes werde er Mike umgehend auszahlen und 465'900 Euro auf sein Konto überweisen. Mike war überrascht und ein wenig erfreut, denn seine Gewinnspanne wuchs mit jedem Verhandlungspartner. Bei *Rooney* hatte sie mit 465'900 Euro die Halbe-Million-Marke fast erreicht. Und das nach der Ansage des Asset Stripping bei Nano! Mike wusste auch, dass er die 22'000 Euro nie im Voraus sondern höchstens nach Auszahlung seines Betrags zahlen würde, dann allerdings mit Kusshand. Doch alle weiteren Vorschläge dieser Art fielen bei *Rooney* auf unfruchtbaren Boden. Er erhöhte dafür den Druck auf Mike. Er habe für das Geld hart gearbeitet und könne es sich gar nicht leisten, diese Chance ungenutzt zu lassen. Hand aufs Herz, versprach er Mike, er werde ihn nicht über den Tisch ziehen und nicht im Stich lassen. Aber mehr könne er nicht für ihn tun. Mit all den Versprechungen im Nacken ließ sich Mike einmal mehr hinreißen, sich Gedanken über einen Kredit zu machen. Schließlich ging es »nur« um einen Einsatz von 22'000 Euro und eine Auszahlung von 465'000 Euro. Da habe er doch keine andere Wahl...

Noch am selben Abend rief *Rooney* wieder an. Er wolle Mike keine Rechnung etc. schicken, wenn der diese wieder liegen ließ. Er werde sie ihm aber zustellen und ihm die Wandlung von C- zu A-Aktien schriftlich begründen und bestätigen, wenn er verspreche, das Geld umgehend zu schicken. Mike unterbrach ihn und gab seinem Ärger Luft, dass man ihn zum Kauf von C-Aktien überredet habe, die er jetzt nicht mehr so einfach verkaufen könne. »Warum glaubst du, hast du die Aktien so günstig – für einen Dollar – erhalten? Sie sind viel mehr wert.« Doch wie viel, darüber hüllte sich *Rooney* in Schweigen, Mike verpasste es aber auch, konkret nachzufragen. Doch da Nano ohnehin nicht an der Börse kotiert war, gab es diesen Markt für ihre Aktien nicht. Auch das von *Axelman* angekündigte Asset Stripping bei Nano war plötzlich kein Thema mehr. Ärger würde nicht dazu beitragen, die Situation zu verbessern, brachte *Rooney* das Gespräch dann einmal mehr zu einem versöhnlichen Ende. Mike versprach, ihm in 24 Stunden einen definitiven Entscheid mitzuteilen, ob er gewillt sei, die 22'000 Euros zu zahlen.

Als *Rooney* am 17. März anrief, verlief die Diskussion anders als erwartet. Es ging nicht um die Zahlung, sondern erst einmal um Nano. *Rooney* hatte Mike die (Börsennummer) ISIN von Nano mitgeteilt. Er behauptete, dass Mike diese angefragt habe, woran sich dieser allerdings nicht erinnern konnte. Sie sei ganz einfach zu finden, ob Mike selbst versucht hätte, sie ausfindig zu machen? Mike hatte das natürlich nicht versucht, denn Nano war schließlich nicht kotiert. Wieso sollte er sie an der Börse suchen? Sollte es trotz allem Aktien geben, die irgendwo gelistet waren und gehandelt wurden? Mike konnte sich das nicht vorstellen und ging der Sache nicht weiter nach. Statt dessen fragte er *Rooney* nochmals, was nun geschehen werde, sollte er die 22'000 Euro zahlen. »Mit einem Einsatz von 10 Cents pro Aktie erhältst du 221'000 Aktien. Ich werde sie an einem Tag konvertieren. Nächste Woche werden dir 465'000 Euro auf dein Konto überwiesen.« Dieses Versprechen im Kopf gab Mike nach und versprach, die 22'000 Euro zu überweisen. Kurz darauf rief *Jason Matthews* vom Allocation Department an und klärte – wie üblich – die Details der Transaktion ab. Als Tag für die Überweisung wurde der nächste Montag vereinbart.

Noch am selben Abend gab Mike die ISIN von Nano in seinen Computer ein und stiess auf das US-Unternehmen NanoMetrics. Was hatte das Unternehmen mit Nano MediTech zu tun ausser einem zum Verwechseln ähnlichen Namen? Wolle ihn *Rooney* auf den Arm nehmen? Er habe Mike die ISIN von Nano zugestellt, weil er danach gefragt habe, gab dieser beim nächsten Telefonat zur Antwort. Es gebe nur eine börsenkotierte Firma namens Nano. Mike überzeugte diese Argumentation überhaupt nicht, er vermutete vielmehr ein Ablenkungs- bzw. Beruhigungsmanöver dahinter. So stand Meinung gegen Meinung, und es dauerte, bis sich die Gemüter wieder beruhigten. Nach diesem moralischen Tiefschlag hatte Mike alle Gedanken an eine Zahlung von 22'000 Euro natürlich sofort zurückgedrängt. Doch *Rooney* gelang es einmal mehr, Mike so weit zu bringen, dass er zusagte, das Geld und vorab eine Überweisungsbestätigung zu schicken. Mike ging (noch einmal) zu einer Bank, mit der er früher über lange Jahre gut zusammengearbeitet und die Jahrzehnte seine Zinsen für die Hypothek eingesteckt hatte. Als der Bankvertreter erkannte, wofür Mike das Geld benötigte, griff er zum Telefonhörer und holte einen Experten ins Besprechungszimmer. Nach einem halbstündigen Gespräch verließ Mike die Bank ohne Geld, dafür mit der Aufforderung seiner Gesprächspartner, zur Polizei zu gehen und Anzeige zu erstatten.

Zwei Tage später rief *Rooney* wieder an. Er hatte von all dem keine Ahnung, aber auch keine Bankbestätigung und auch kein Geld von Mike erhalten. Die Diskussion nahm einmal mehr ihren – immer gleichen – Lauf. Mike wusste nicht, ob er seinem Gegenüber glauben konnte, dass dieser ihm die versprochenen 465'000 Euro überweisen würde, aber er war skeptisch, ohnehin konnte er ihm die läppischen 22'000 Euro nicht schicken. Er hatte sie einfach nicht mehr. Er war finanziell am Ende und Geld aufnehmen, um auch das noch in den Sand zu setzen, da hatte er sich entschieden, das nicht zu tun. Mike war mittlerweile im Ruhestand und bezog regelmäßig sein Geld von der Rentenkasse, aber er hatte sich entschieden – bzw. entscheiden müssen – seine Wohnung aufzugeben. Er bereitete sich darauf vor, mit einem in die Jahre gekommenen Wohnmobil in wärmere Regionen zu fahren, um seine Rente etwas aufzubessern und sich dort ein neues Leben aufzubauen. Möbel etc. besaß er ohnehin nicht viele, die meisten hatte er mit der Scheidung weggegeben. Auch seine neue Partnerin hatte ihm den Laufpass gegeben. Sie hatte die ewigen Querelen und Telefongespräche mit Fremden satt, die sich immer nur ums Geld drehten. Sie hatte lange versucht, Mike von den Finanzgeschäften abzuhalten, von denen er nichts verstand. Aber dieser hatte bis zuletzt die Hoffnung nicht aufgeben wollen, den Kahn doch noch in die richtige Richtung und in einen ruhigen Hafen bugsieren zu können. Aber da hatte er sich wohl getäuscht. War das nun das Ende der NANO-Story? Mitnichten.

Thomas Tanner rät zu Umweggeschäft

Mitte Mai 2017 erreichte Mike ein Mail von *Thomas Tanner*, Client Services of THE STERLING GROUP INTERNATIONAL mit unveränderter Adresse in Tokyo. Aufgrund seiner Unzufriedenheit mit ihrem Unternehmen hätten sie den Entscheid getroffen, nicht länger als Broker für Mike tätig zu sein. Sie müssten die Geschäftsbeziehungen mit ihm abbrechen. Deshalb gehe es jetzt noch darum, einen Weg zu finden, Mikes Portfolio zu liquidieren und das Konto zu schließen. Mike war zu dieser Zeit gerade dabei, sein Leben neu einzurichten und sein verbliebenes Hab' und Gut in seinen Bus zu packen, um damit in die Welt zu reisen. Ende Mai meldete sich *Tanner* nochmals per Mail. Er habe mehrfach versucht, ihn zu erreichen, aber immer ohne Erfolg. Ob Mikes Telefonnummer noch gültig sei? Dann machte er Mike in GROSSBUCHSTABEN darauf aufmerksam, dass seine NANO-AKTIEN NICHT OFFIZIELL AN

DER BÖRSE GEHANDELT würden. Die frühestmögliche Gelegenheit, aus seinem Investment herauszukommen, dürfe er im Jahr 2025 haben, sollte NANO bis dahin an der Börse notiert sein. Sie schlugen ihm vor, seine NANO-Aktien in liquide Papiere (CATERPILLAR), die an der New York Stock Exchange gehandelt werden, umzuwandeln. Ob er Interesse daran habe? Immerhin schien NANO nach dem Angebot von *Tanner* noch immer zu existieren, das Asset Stripping überlebt zu haben und die Aktien noch immer einen (Markt)wert zu besitzen. Toll!

Doch Mike beschäftigte sich in dieser Zeit mit ganz anderen Gedanken, das ohnehin verlorene Geld spielte für ihn keine große Rolle mehr. Er hatte die Hoffnung begraben, es zurückzubekommen. Deshalb ging er auf die Mails von *Tanner* gar nicht erst ein. Doch dieser blieb hartnäckig und konkretisierte seinen Vorschlag. Um die NANO- in CAT-Aktien zu konvertieren, würde erstere für einen Preis von 1.89 Dollar pro Aktie verkauft, daraus ergebe sich bei 100'000 Aktien ein Total von 189'000 Dollar. Dieser Betrag würde in CAT-Aktien investiert. Da letztere nur im Paket von 2'500 Stück gehandelt würden und sich bei einem Stückpreis von 78.91 Dollar eine Differenz von 8'275.00 Dollar ergebe, wäre dieser Betrag vor dem Exit noch von Mike zu begleichen.

Also wieder die alte Methode. Erst zahlen, dann – ja und dann? Würde SGI zahlen oder nicht? Die große Frage wurde bisher nur insofern beantwortet, als die unterschiedlichsten Vorschläge für einen Exit, die Mike unterbreitet wurden, immer nur über neue Zahlungen zu erreichen waren. Die Wahrscheinlichkeit, dass jeder Dollar, jeder Euro, den Mike überweisen würde, ins bodenlose SGI-Fass fallen würde, war groß. Obwohl er Mike über längere Zeit nicht erreichen konnte und dieser auf seine Mails nicht reagierte, legte *Tanner* am 8. Juni 2017 noch einmal nach. Gelegenheit wie die vorgeschlagene gebe es nur selten, schrieb er Mike in einem Mail. Er verstehe, dass Mike aufgrund seiner Erfahrungen kein Vertrauen in die SGI habe, aber gerade deshalb solle er die Chance zur Trennung jetzt wahrnehmen. »Beachte, dass sich hinter den Kulissen meines Unternehmens gerade wichtige Entwicklungen abspielen, die du nicht kennst.« Wenn er weiterhin in RJM investiert bleibe, gehe er ein grosses Risiko ein. Was *Tanner* mit RJM gemeint hatte, blieb Mike ein Rätsel. Vielleicht ein Versehen, weil er mit einem solchen Unternehmen zu tun hatte. Firmen mit dieser Abkürzung gibt es mehrere. Gemeint haben musste er NANO MEDITECH, nur da war Mike investiert. Immerhin bat *Tanner* freundlich um eine positive Antwort. Es sei jetzt die Zeit gekommen, hielt er fest, aus dem aktuellen Investment auszusteigen und mit dem Erlös ein Comeback zu wagen.

Mike reagiert auch auf diese Kontaktaufnahme nicht und blieb stumm wie ein Fisch. Er hatte sich mittlerweile nach Südeuropa durchgeschlagen und hing seinen Gedanken nach, was er in seinem Leben so alles falsch gemacht hatte. Und da kam so einiges zusammen. Das i-Tüpfelchen, das seine aktuelle Situation spürbar erschwerte, war sein mittlerweile arg ramponiertes Vertrauen in die Glaubwürdigkeit der SGI-Vertreter und ihrer Vorgänger, mit denen er so viele Mails ausgetauscht und so häufig telefoniert hatte. Als Folge dieser Erfahrungen hatte er gleich noch den Glauben an sich selbst weitestgehend verloren. Immerhin hatte er sich zum Ziel gesetzt, seine Erfahrungen nicht einfach unter der Decke zu halten. Wie vielen anderen erging es ähnlich wie ihm? Wie viele Kleininvestoren wurden von den selbst ernannten, nicht registrierten und reglementierten Finanz-Experten im Internet ausgenommen wie Weihnachtsgänse? Er wusste es natürlich nicht. Aber jeder, dem es ähnlich erging wie ihm, war einer zu viel. Da war er sicher. Für jeden einzelnen, den er warnen konnte, nicht auf solche Versprechen einzugehen, würde sich der Aufwand lohnen. Da er aufgrund steigender Skepsis schon früh begonnen hatte, Dokumente zu sichern und Telefongespräche aufzunehmen, hatte er einen ganzen Stapel an Unterlagen vorbereitet, die auszuwerten er zwar begonnen, aber noch nicht beendet hatte. Zeit hatte er ja, also setzte er die Arbeit fort. Ein guter Freund mit redaktioneller Erfahrung würde ihm dabei helfen.

Michael Logans Intermezzo

Bevor Mike davon ausgehen konnte, dass das Kapitel STERLING GROUP INTERNATIONAL für ihn zu Ende war, meldete sich nochmal ein Senior Portfolio Manager aus den Reihen der SGI bei ihm, *Michael Logan*. Kürzlich sein ihm die Verwaltung von Mikes Konto übertragen worden, stellte er sich vor. »Ich bin sicher, dass du – so wie ich selbst – sowohl Frustration als auch Unzufriedenheit darüber empfindest, wie dein Konto in der Vergangenheit gemanagt wurde und in welch einem Stagnationsstadium es sich zurzeit befindet.« Er würde gern die Gelegenheit wahrnehmen, mit Mike das Problem im Detail zu besprechen. Er sei für einen Terminvorschlag dankbar. Doch da konnte und wollte Mike ihm nicht helfen. Nachdem er auch auf diesen Wunsch nicht eingegangen war, verlor Mr. *Logan* Mike aus dem Auge, und für lange Zeit blieb es ruhig. Für lange Zeit...

GLOBAL ALLIANCE CAPITAL

Robert Hamilton mit neuem Stolperstein

Dann, immerhin 15 Monate nach dem letzten Kontakt, klopfte der Vertreter eines bisher unbekannten Finanzberaters bei Mike an. Sein Name *Robert Hamilton*, seine Firma GLOBAL ALLIANCE CAPITAL. Wie diese an seine Koordinaten gekommen waren, ahnte Mike noch nicht, als *Hamilton* das Gespräch eröffnete. Doch schon bald wurde ihm klar, warum der Senior Portfolio Manager Mike kontaktiert hatte. Es ging einmal mehr um seine NANO-Aktien, von denen er sich noch immer nicht hatte trennen können. Mike hatte zwar in der langen Zeit die ganze Angelegenheit weit in seinen Hinterkopf gedrängt, aber so ganz hatte er sich vom Ärger über sich selbst sowie von der Frustration noch nicht befreit. Sofort nach *Hamiltons* ersten Sätzen war sie wieder da, die Hoffnung, doch noch eine Lösung zu finden und sein investiertes Geld zurückzuerhalten. Vielleicht waren diese Leute ja doch so pflichtbewusst

und ehrlich, dass sie Mike helfen wollten, aus der NANO-Falle rauszukommen. Mike saß zwar zurzeit auf einem Campingplatz im südlichen Portugal, aber Telefon- und Netzverbindungen klappten auch hier problemlos. Also hörte er sich erst einmal an, was die neue Kontaktperson zu sagen hatte.

Mike sei im Besitz von 100'000 Aktien der Firma NANO, legte *Hamilton* los. Seine Firma, die GLOBAL ALLIANCE CAPITAL, kurz GAC, wolle ihm diese Aktien für 1.13 US-Dollar pro Stück abkaufen. Das sei der Durchschnittspreis, den er früher dafür gezahlt habe. Das ergebe für ihn einen Erlös von 113'000 Dollar. O.k.? Doch da NANO nicht kotiert sei, könne man die Aktien nicht so einfach über die Börse verkaufen. Sie würden ihm einen kleinen Umweg vorschlagen und ihm im ersten Schritt einen Umtausch der Aktien in liquide Papiere nahelegen. Diese könnten an der Börse gekauft und später wieder verkauft werden. Ob er am Computer sitze, wollte *Hamilton* von Mike wissen. Dann solle er mal eintippen: Papa, Papa, Romeo, Stock – also PPR Stock – worauf er dann stoße? Exakt: VOYA PRIME RATE TRUST. Es handle sich hier um einen 2002 gegründeten Investmentfonds, der Dividende zahle. Der aktuelle Stückpreis an der New York Stock Exchange NYSE betrage zurzeit 4.70 Dollar. »Wir kaufen deine NANO-Aktien für 113'000 Dollar. Dieses Geld legen wir

Why Us?

We have an impressive track record spanning decades of expansion, innovation and success, Global Alliance Capital is now one of the world's leading private investment firms.

READ MORE

Expertise

We provide clients with full service facilities including but not limited to flexible private investment market solutions, secondary and directed partnership investments.

READ MORE

Relationships

Our extensive network of longstanding relationships around the world, established over 4 decades, provides our clients with an invaluable and ongoing source of deals.

READ MORE

Die Website der Global Alliance Capital verspricht kreative Lösungen. Mike war gespannt.

in PPR-Aktien an, also in diesem Fonds. Die PPR-Aktien verkaufen wir dir zu dem Preis, den wir dafür bezahlt haben, nämlich für 3.70 Dollar. Daraus resultieren dann 30'541 PPR-Aktien.« Soweit war Mike mit dem Vorschlag einverstanden, aber er hatte recht, wenn er davon ausging, dass da noch irgendein Haken auftauchen sollte. Das war beim Vorschlag, NANO- in CAT-Aktien zu tauschen, auch der Fall gewesen. Und der Haken zeigte sich rasch. Bei Fonds, klärte *Hamilton* Mike auf, gebe es zwei Besonderheiten. Erstens müsse das investierte Geld für eine definierte Minimalzeit gehalten werden, zweitens gebe es Minimalbeträge, die anzulegen seien. Der frühestmögliche Termin, zu dem Mike ausgezahlt werden könne, sei der 12. Januar 2019. Sollte PPR dann zu einem Wert von 4.70 Dollar gehandelt werden, könne Mike durch den Verkauf der 30'541 Aktien einen Ertrag von 143'542.70 Dollar erzielen, bei einem gestiegenen Kurs entsprechend mehr.

Damit hätte Mike natürlich gut leben können, aber dann kam der zweite Stolperstein: Der Minimalbetrag, der investiert werden müsse, betrage entweder 150'000 Dollar oder 50'000 Aktien. Da Mike weder über das erste noch das zweite und wohl auch nicht über die Mittel verfügte, sein Aktienpaket entsprechend aufzustocken, schlug *Hamilton* ihm einen dritten Weg vor: Mit einem Depot von fünf Prozent auf dem investierten Wert könne er sich von den Vorgaben befreien und ohne Umweg zur Auszahlung seiner PPR-Aktien gelangen. Fünf Prozent von 113'000 Dollar seien 5650 Dollar, rechnete der Senior Portfolio Manager Mike vor. Er werde ihm diese Eckzahlen noch schriftlich zusammen- und zustellen. Das Depot von 5650 Dollar gehe an die Clearingstelle, die dafür verantwortlich sei, und von dort aus würde das Geld direkt in Aktien des Investmentfonds PPR angelegt, was für Privatanleger nicht möglich sei. Alles o.k.? Weitere Fragen?

Mike hatte noch Fragen, aber nicht zu *Hamiltons* Vorschlag. Er wollte wissen, wie die GLOBAL ALLIANCE CAPITAL zu seinem Account von der STERLING GROUP INTERNATIONAL gekommen war. Er könne nicht viel dazu sagen, aber soweit er wisse, sei die Gruppe aufgrund der Marktentwicklung, eigener toxischer Anlagen sowie riskanter Investitionen in finanzielle Engpässe geraten, was dann zu drastischen Veränderungen im Management sowie schließlich zum Liquidationsprozess geführt habe. Die Entwicklung habe sich schon vor erheblicher Zeit abgezeichnet, so sei die Website lange vor der Liquidation nicht mehr betriebsbereit gewesen und viele Kunden – Mike eingeschlossen – seien über lange Zeit nicht mehr kontaktiert worden. In der Liquidationsphase hätten sie sich von Seiten der GAC dann ein paar für sie interessante Assets aus dem SGI-Nachlass sichern können. »Das waren – offen gesprochen – nicht viele, aber doch ein paar. Deshalb spreche ich jetzt mit dir.«

Was ist an meinem Problem-Account so interessant für die neue Organisation, dass sie sich mein Konto sichert? Mike stellte sich die Frage selbst, ohne sie zu formulieren. Doch was nun mit NANO sei, wollte Mike dann doch wissen. Auch dazu könne er nicht viel sagen. Aber die Firma sei immer noch am Markt. Nicht als börsenkotiertes sondern als privat finanziertes Unternehmen. Der Wert des Unternehmens sei sicher gefallen im Vergleich zur Zeit als es den Börsengang angestrebt hätte. Dann die obligate Frage: »Bist du nun glücklich, endlich aus der Starre weg- und dein Geld wieder unter Kontrolle zu bringen?« *Hamilton* nahm Mikes Entscheidung damit keineswegs vorweg. Mike war nicht glücklich, denn er kannte diese Methode bereits...

Für den Moment war er immerhin zufrieden. Der Faden war wieder aufgenommen, die Suche nach einem Ausweg aus dem Schlamassel konnte weitergehen, auch wenn er nach wie vor nicht wirklich an eine Lösung glaubte. Doch die Hoffnung stirbt bekanntlich zuletzt. Sie vereinbarten, in drei Tagen, also am Freitag, den 21. Dezember 2018, nochmals zu telefonieren. Bis dahin wolle sich Mike entscheiden, den Deal mitzumachen oder nicht. Und dann ging's wieder schnell. Bevor Hamilton auflegte, verband er Mike mit dem Allocation Department. Und wer meldete sich da? Kein anderer als *Jason Matthews*, die Person, die ihn schon zu SGI-Zeiten im Allocation Department begleitet hatte, die sich für Mike vor allem durch eine besonders typische englische Sprache und Formulierung auszeichnete, die er, Mike, nie mit krimineller Energie in Verbindung bringen würde. *Matthews* klärte nochmals die Zahlungsmodalitäten für die 5650 Dollar und schloss – wie üblich: „It was me a pleasure to speak with you, and enjoy the rest of your day today, sir." Diesen Satz hatte Mike noch gut in Erinnerung, er hatte ihn auch schon etliche Male gehört.

Da trat *Robert Hamilton* viel direkter auf: »Hey Mike, du verschwendest meine Zeit.« Mit diesen Worten meldete er sich am Montag wieder bei seinem Problemkunden. Gerade hatte er ein Mail von diesem erhalten, in dem er erklärt, dass er das Geld für das Depot nicht zahlen werde, sondern endlich einen Strich unter das Nano-Kapitel machen wolle. Mike hatte in seinem Mail aber auch einen Vorschlag unterbreitet, um wenigstens einen Teil seiner Investitionen zu retten. Er hatte vorgeschlagen, seine Nano-Aktien an *Jason Matthews* zu überschreiben. Dieser sollte dann das (bescheidene) Depot finanzieren und ihm im Januar 2019 nach Auszahlung der 143'000 Dollar die Hälfte davon überweisen. Die andere Hälfte gehöre ihm. Doch weder *Hamilton* noch der Begünstigte gingen auf den Vorschlag ein. Er habe sein Mail erst gar nicht gelesen, kam als einzige Antwort auf Mikes entsprechende Frage. Er beschwerte sich, dass Mike ihm das Mail erst an dem Tag geschickt hatte, an dem er mit dem Geld für die verabredete Transaktion gerechnet hatte. Das sei keine Art, Business zu betreiben... Doch dann wurde die Diskussion wieder sachlicher. Mike sprach ihn darauf an, dass die Global Alliance Capital ihren Verlust aus dem Ankauf der Nano-Aktien zur Steueroptimierung nutzen wolle. Doch da das Unternehmen wie viele ähnlich gelagerte Konstrukte nicht registriert sei, würde es auch keine Steuern zahlen. Wie das zusammenhänge, wollte Mike wissen. Sie würden in das Eigenkapital von US-Unternehmen investieren und die seien schon steuerpflichtig, entgegnete *Hamilton*. Er werde Mike die Unterlagen über das Unternehmen senden (was er nicht getan hat), dann könne er sich davon überzeugen. Und dann wollte er von Mike wissen, ob er seine Remittance Instructions genau gelesen habe. Dann hätte er nämlich gesehen, dass alles mit rechten Dingen zugehe. Ob er die Payment Instructions gegoogelt habe? »Das einzige, was du dir wirklich ansehen musst, ist, wohin geht mein Geld? Wenn etwas mit dem Konto nicht in Ordnung sein sollte, würden umgehend Warnungen auftauchen. So verrät dir die Zahlungsinformation, wie lange das Konto schon geöffnet ist. Hier sei das gemäß Clearing House schon seit Monaten der Fall. Hätte es eine Beschwerde gegeben, wäre es umgehend geschlossen worden und du hättest kein Geld mehr dorthin überweisen können.«

Für Mike war das ein wenig beruhigend, aber mehr auch nicht. Er hatte sich – und das nicht zum ersten Mal – entschieden, definitiv einen Strich unter sein privates NANO-Drama zu ziehen, allein um den Kopf wieder frei zu bekommen. Doch *Hamilton* wollte das nicht so einfach akzeptieren und skizzierte nochmals seinen Vorschlag und das für Mike immer noch mögliche positive Ende der Geschichte. Doch dann wollte er wissen, ob sich Mike die Zahlung der 5600 Dollar überhaupt leisten könne, ob er seinen Lebensunterhalt bis in den Januar, wenn es zur Auszahlung kommen sollte, finanzieren könne. Und mit dieser Frage hatte er wohl den Nagel auf den Kopf getroffen. Sollte das nicht der Fall sein, dann würde auch er das Geld nicht überweisen, gestand der Finanzexperte. Doch einfach so 140'000 Dollar wegwerfen, das könne Mike sich eigentlich auch nicht leisten…

Mike ließ sich nicht erweichen. Er blieb bei seinem Stop. Er bedankte sich bei *Hamilton* für dessen Erläuterungen und für dessen Geduld – und schloss das Kapitel.

Am Ende siegt die Skepsis

Das meinte er zu diesem Zeitpunkt jedenfalls. Doch noch hatte er seinen Kopf nicht einmal so richtig freimachen können, da klingelte das Telefon schon wieder. Das war anfangs Februar 2019. Mike stand am Rande einer Demonstration von Spaniern, die für die Einheit ihres Landes eintraten. Mit welchen Problemen hat die EU zu kämpfen – und mit welchen du selbst, ging ihm durch den Kopf. Weil er das Telefongespräch in dieser Situation nicht führen konnte, bat er um Rückruf am folgenden Tag, doch da meldete sich niemand mehr. Und von sich aus wollte er den Prozess auch nicht mehr länger hinziehen, denn er glaubte nach all dem, was er notiert und inzwischen wieder aufgearbeitet hatte, nicht mehr daran, zu einem für ihn positiven Ende zu kommen. Die Skepsis wog mehr als die Hoffnung. Sein Realitätssinn hatte seine (Leicht-)Gläubigkeit gegenüber den Finanzberatern überflügelt. Doch kann man ein Geschäftsmodell derart auf Lügen aufbauen? Er konnte das immer noch nicht glauben. Doch er gestand sich ein, dass das wohl sein Fehler war.

4-Finance Group & Consulting

Zurück an den Start

Eigentlich hätte Mike alles besser wissen müssen. Denn der Kontakt im Frühjahr 2015 mit der Warren Global Group war nicht sein erster zu einer derartigen Organisation. Schon im Sommer davor war er von einer 4-Finance Group & Consulting und einem *Prof. Robert Bernstein* über den Tisch gezogen worden. Sie hatten ihm Aktien der Black River Petroleum Corp. (USA) sowie eine Beteiligung am Börsengang der Alibaba, China, empfohlen, auf die Mike eingetreten war. Nachdem die BRP-Aktien in wenigen Tagen zu einem kurzen Allzeit-Hoch aufgeschossen waren, welches Mike – auf Anraten von *Bernstein* – nicht zum Verkauf der Papiere genutzt hatte, brachen sie anschließend total ein und fielen auf einen so tiefen Wert, dass Mikes Bank ihren Verkauf am Markt rundweg ablehnte (Penny Stocks). Der gute *Prof. Bernstein* ließ nach dem erfolgreichen Going Public von Alibaba auch nichts mehr von sich hören und hatte sich mit dem Geld über alle Berge gemacht und alle Spuren verwischt. Immerhin dürfte die Quelle, in der *Bernstein* auf Mikes Telefonnummer stieß, auch Basis für die Kontaktaufnahme der Warren Global Group gewesen

Mit dieser Website hatte sich Mike 2014 schon einmal hinters Licht führen lassen. Eigentlich hätte er daraus lernen sollen. Denn wer nicht lernt, der zahlt. Diese Erkenntnis hat er sich inzwischen zu eigen gemacht.

sein. Damals reichte Mike Strafanzeigen gegen die 4-Finance Group sowie gegen *Robert Bernstein* ein, die aber vom Staatsanwalt nach aufwändigen Recherchen erfolglos ad acta gelegt wurden. Als Begründung wurde angegeben, dass die Personen hinter diesen Namen nicht ausfindig gemacht werden und alle Telefonnummern, E-Mail- und Post-Adressen nicht zurückverfolgt werden konnten.

Diese Erkenntnis war der Grund, dass Mike später keine weitere Anzeige mehr erstattete; jedenfalls vorerst. Immerhin kann er sich vorstellen, dass er mit seinen Ausführungen weitere Geschädigte ermutigen kann, sich gemeinsam gegen kriminelle Akteure zur Wehr zu setzen. Wie das aussehen könnte, darüber hat sich Mike schon so seine Gedanken gemacht, aber die behält er erst einmal für sich. Sollten sich genug Geschädigte oder Sympathisanten bei ihm melden, wird er sich mit ihnen darüber abstimmen, was sie tun können. Neben zahlreichen »Dokumenten« verfügt Mike über lange Mitschnitte zahlreicher Telefongespräche. Bilder wären selbstverständlich die effektivere Hilfe, gesuchte Personen zu finden. Doch Fotos hatte Mike trotz Zusagen keine erhalten... natürlich nicht. Aber dank moderner Software kann auch die persönliche Stimme für eine eineindeutige Identifizierung gesuchter Personen ausreichen. Vielleicht melden sich die hier angeführten und zitierten Experten ja auch selbst bei Mike oder gehen gegen ihn juristisch vor, weil seine Ausführungen nicht der Wahrheit entsprechen und sie dadurch Schaden erlitten. Wer weiß?

Mike ist aber auch an positiven Meldungen über erfolgreiche Geschäfte mit WGG, SGI und GAC etc. interessiert, auch an News zu Nano MediTech. Vielleicht hat er sich ja am Ende der langen Achterbahnfahrt nur stur und blöd verhalten, so dass er die Fehler vor allem bei sich selbst suchen muss.

Mike wurde vor Geschäften mit den Organisationen mehrfach gewarnt, und trotzdem ließ er sich darauf ein. Warum, das kann er bis heute nicht schlüssig begründen. Den mehrheitlich überzeugt und energisch vorgebrachten Vorschlägen sowie vordergründig überzeugend formulierten Argumenten der Top-Manager hatte er im Gespräch zu wenig entgegenzusetzen. Eins seiner größten Handicaps war dabei, dass alle Gespräche in Englisch, also nicht in seiner Muttersprache, geführt wurden. Viele kritische und unlogische Zusammenhänge wurden ihm erst bei der Bearbeitung der Gesprächsmitschnitte klar. Solche und andere Erkenntnisse werden im Folgenden zusammengefasst. Mike hat lange Zeit gebraucht, um sich Klarheit zu verschaffen. Aufgrund seiner Erfahrung bleibt ihm nur eins: Andere zu warnen, nicht in dieselbe Falle zu tappen wie er.

Teil II

WARNZEICHEN

Im Folgenden werden Methoden zusammengestellt, die Mike aufgrund seiner eigenen Erfahrungen als Warnzeichen bezeichnet. Einige dieser Hinweise werden auch an anderer Stelle im Internet präsentiert, aber meist nur stichwortartig und ohne erklärende Ergänzungen.

Cold Calling

Der erste Kontakt von der WARREN GLOBAL GROUP (und von *Prof. Bernstein*) wurde per Telefon und ohne Voranmeldung (z.B. per E-Mail) aufgebaut. Dieses Vorgehen – cold calling genannt – ist typisch für Boiler Rooms, die sich als Börsenmakler vorstellen und beabsichtigen, den Angerufenen in Wertpapiergeschäften zu beraten. »Cold calling« ist kein hinreichendes Argument, um aus einem Börsenmakler einen kriminellen Boiler Room oder ein Scam zu machen. Boiler Room heisst eigentlich nichts anderes als Call Center, doch die Bedeutung des Boiler Room ist klar negativ konnotiert mit der Absicht der Akteure, ihr Gegenüber mit wertlosen Aktien oder anderen Wertpapier-Tricks um ihr Geld zu erleichtern, ohne eine wertadäquate Gegenleistung zu erbringen. Als Mike den ersten Telefonanruf erhielt und sich die Erklärungen von *John Spence* anhörte, war er davon überzeugt, dass es um den Aufbau einer nachhaltigen Kundenbeziehung ging. Dieser Aspekt spielte später immer wieder eine wichtige Rolle in der Argumentation. Jeder Gesprächspartner vermittelte Mike sein Interesse, nach dem NANO-Deal für ihn weiter tätig zu sein. *Warren Carter* liess Mike sogar seine Terms of engagement unterschreiben, um ihn zur weiteren Zusammenarbeit zu »verpflichten«. Auch hier sind zwei Versionen möglich: Er hatte es entweder ernst gemeint oder nur als »Zückerchen« für Mike, damit sich dieser in Sicherheit wähnte. Die Entscheidung zwischen beiden Versionen ist nur im Nachhinein mit Sicherheit zu fällen.

Beeindruckende Namen

The WARREN GLOBAL GROUP, THE STERLING GROUP INTERNATIONAL und die GLOBAL ALLIANCE CAPITAL. Diese Namen versprechen Größe und Kompetenz, das Geschäft ist international bzw. global angelegt und in einer Gruppe organisiert. Mit *Warren* wird auf *Warren Buffet*, den legendären amerikanischen Investor und Philanthropen und Chairman von BERKSHIRE HATHAWAY, verwiesen. Sterling legt die Nähe zur Währung Pfund Sterling und damit zu Finanzgeschäften nahe, der letzte Name kombiniert das alles. Nun ist die Liste dieser Gesellschaften – wie erwähnt – ellenlang. Es soll Tausende davon geben. Das liegt aber offensichtlich nicht daran, dass zum Zeitpunkt X so viele derartige Finanzgesellschaften im Netz ihr (Un)Wesen treiben, sondern dass sehr viele nur ein kurzes Leben haben, bevor sie im Nirwana – aber nicht auf den Listen im Web – untertauchen und nach einer »Fusion« oder »Akquisition« in einer neuen aufgehen. Von den drei oben erwähnten übernahm die zweite die erste und die dritte die zweite innerhalb von nur drei Jahren. Wenn es um Organisationen mit einem Personalbestand von fast 100 Mitarbeitenden und einem zu betreuenden Kapital von 700 Millionen Dollar geht, ist ein so rascher organisatorischer Wechsel kaum vorstellbar. Mike ist überzeugt, dass es sich eher um kleine Teams als große Organisationen handelt. Es braucht zwar nicht nur Finanzexperten, sondern auch Spezialisten für IT sowie Graphiker/Websitegestalter, doch das dürften Freelancer sein, die gleich für mehrere solche Entitäten arbeiteten. Vor allem braucht es aber Flexibilität, rasch von der Bildfläche zu verschwinden und an anderem Ort unter neuem Namen wieder aufzutauchen, denn Geld sollte schließlich kontinuierlich verdient werden...

Gemeinsam ist diesen »Firmen«, dass sie nicht registriert und reguliert und deshalb nicht offiziell berechtigt sind, Finanzgeschäfte zu betreiben. Ihre Köpfe verfügen nach Mikes Überzeugung durchaus über professionelles Wissen und Erfahrung. Das heißt, sie haben eine entsprechende Ausbildung durchlaufen und berufliche Erfahrung gesammelt, bevor sie sich entschieden haben, sich als Off-Shore-Berater zu betätigen. Doch auch als solche könnten sie grundsätzlich zum Vorteil ihrer Kunden tätig werden, zum Beispiel indem sie für diese Geld anlegen und verwalten und sich so ihre Provisionen verdienen. Sie können ihren Kunden natürlich auch wertlose Aktien andrehen oder zu getürkten Finanzgeschäften verleiten, mit denen sie ihre Kunden »finanziell erleichtern« und ohne Möglichkeit auf Regress zurücklassen.

Vielversprechende Websites ohne Facts

Als zentrale Plattform für ihre Selbstdarstellung nutz(t)en NANO MEDITECH, WARREN GLOBAL GROUP, THE STERLING GROUP INTERNATIONAL und GLOBAL ALLIANCE CAPITAL Websites, auf denen sie ihre Kompetenzen und Dienstleistungen in wohlgewählten Worten formulieren und in den höchsten Tönen loben. Auf den ersten Blick mochten diese Darstellungen einen Wow-Effekt beim Betrachter auslösen, doch auf den zweiten hinterließen sie mehr Frage- als Ausrufezeichen. Als Bilder wurden nämlich durchwegs Katalogfotos verwandt, die keinerlei Beziehung zu den vorgestellten Firmen hatten. Wie auch! Die Texte wurden zum Teil grotesk überzeichnet, wenn es darum ging, das eigene Leistungsangebot zu präsentieren. Typisch ist der Hinweis auf die Kundenbereiche Institutionelle Anleger auf der einen sowie High-Net-Worth-Indi.viduals, also besonders wohlhabende Kunden auf der anderen Seite. Das weckt Vertrauen beim Leser. Es ist auf der anderen Seite unvorstellbar, dass diese Klientele nicht registrierte Offshore Berater für ihre Belange in Anspruch nimmt. Jeder Manager eines institutionellen Anlegers, der einen solchen Beratungs- oder Kooperationsvertrag abschließen würde, müsste mit seiner Kündigung rechnen.

Alle erwähnten Websites werden zudem in den USA gehostet. Die Rückverfolgung der Verantwortlichen über diese Adressen ist nicht möglich, weil sie durch zwischengeschaltete Organisationen verhindert wird.

Ausschließlich Top-Positionen

Die Personen, die Mike ihre Hilfe anboten und ihn am Telefon berieten, trugen mit wenigen Ausnahmen Top-Funktionsbezeichnungen. Chief Investment Officer, Head of Global Equity Trading, Head of Institutional Trading, Chief Risk Officer und sogar Partner. Die Vorstellung, dass Mike bei seinen Bankgeschäften jemals mit einem »CXO« zu tun gehabt hätte, war abwegig. Solche Leute haben im Unternehmen andere Aufgaben zu lösen als einzelne Kunden zu bedienen, wobei Ausnahmen natürlich möglich sind. Auch hier soll die Wahl des Titels die Achtung des Kunden, seine Selbstzufriedenheit und sein Selbstwertgefühl, von einer so hochgestellten und damit kompetenten Person beraten zu werden, steigern. Bei Mike hat das durchaus funktioniert, das gesteht er sich ein.

Kontrollierte Gesprächsführung

Eins musste Mike seinen Gegenübern lassen, i.d.R. pflegten sie alle eine kultivierte und überzeugende Gesprächsführung, und ließen sich nicht ohne weiteres aus der Ruhe bringen. Hier und da geschah es doch, auch wenn sich Mike nicht unbedingt zum Ziel gesetzt hatte, sie zu reizen und herauszufordern. Doch leicht machen wollte er ihnen ihren Job auch nicht.

»Genug ist genug«, schnauzte *Barrington* Mike beispielsweise an, als dieser ihn einmal mehr mit einer Absage zu einem Vorschlag enttäuscht hatte. Er solle seine Entscheidungen selbst treffen. Die Meinung anderer und die seines Bankers seien hier fehl am Platz. »Wenn du meinem Rat nicht folgst, begehst du den größten Fehler deines Lebens.« Auch *Belmonte* verlor einmal die Contenance. »Ich muss dir gar nichts zeigen, alter Mann«, krächzt er ins Telefon. »Ich bin es satt, mit dir zu reden, du bist hier der Lügner, du versprichst Zahlungen und hältst sie nicht ein… Glaubst du, was du getan hast, war ethisch?« Mike hätte für diese Reaktionen durchaus Verständnis gezeigt, wenn, ja wenn er überzeugt gewesen wäre, dass *Belmonte & Co.* wirklich ehrenhafte Geschäftsleute seien. Aber da stellte sich Mike wieder die Gretchenfrage, und die konnte er zwar nicht mit letzter Sicherheit beantworten, aber inzwischen kannte er viele »Auffälligkeiten«, die den Beratern dieses moralische Prädikat absprachen.

Zurück zur gepflegten Gesprächsführung. Die Finanzexperten wussten nicht nur auf alle – gestellten wie nicht gestellten – Fragen mehr oder weniger überzeugende Antworten, sie hatten immer wieder überraschende Antworten im Köcher. Damit entpuppten sie sich als professionelle Verkäufer mit hohem Potenzial als Überredungskünstler. Eine wesentliche Rolle spielte dabei das Vor-Augen-Halten der von ihnen selbst definierten Ziele in Gestalt attraktiver Geldbeträge im Vergleich zu den noch zu tätigenden Zahlungen. Er habe inzwischen 100'000 Dollar investiert und stehe jetzt vor einer Auszahlung von 215'000 Dollar. Jetzt gehe es noch um sechs Prozent des Gewinns, welche die Auszahlung blockierten. »Sechs Prozent ist nichts im Vergleich dazu,« hatte *Carter* ihm vorgerechnet, um Mikes Skepsis zu brechen. Oder: »Eigentlich musst du gar nichts mehr zahlen, nur eine kleine Position auf deinem Konto ergänzen, die Aktien gehören ja schon dir.« Oder der Hinweis von *Barrington*: Der Käufer werde Mike 2.5 Dollar für jede Nano-Aktie zahlen, insgesamt also eine Viertelmillion Dollar; jetzt müsse er nur noch 4750 Euro zahlen, um dieses Geld zu kassieren oder aber das Risiko eingehen, dass seine Aktien ihre Werte verlieren. Diese Methode, die verlockenden Ziele möglichst verführerisch vor Augen zu hängen und die vorher zu leistenden Kosten vergleichsweise zu minimieren, zog sich durch viele Gespräche.

Druck aufbauen

Wenn diese Methode nicht verfing, montierten die Berater auch härtere Bandagen: So hatte *Belmonte* Mike in einem Telefongespräch gedroht, er werde jemanden vorbeischicken, der das Geld schon eintreiben werde. Als Mike ihm das später vorhielt, setzte er sich zur Wehr: »Nein, ich habe dir gesagt, ich werde ein Inkassobüro beauftragen, sich um die Angelegenheit zu kümmern.« Damals ging es um 36'000 Dollar, die Mike für Gebühren zahlen sollte, was er aber immer abgelehnt hatte. Mit der Drohung versuchte *Belmonte* nun, Mike unter Druck zu setzen. Ein weitere Methode, die auf dasselbe hinauslief, waren die Hinweise auf das Asset Stripping von Nano MediTech. *Axelman* hatte zu diesem Hilfsmittel gegriffen, um Druck auf Mike zu machen, endlich das versprochene Geld – es ging um 6000 US-Dollar – zu überweisen. Entweder er schicke das Geld sofort oder er sei selbst Schuld, wenn seine Aktien nach dem Eingriff der Raider wertlos würden. Ein gewisser Druck wurde in den Gesprächen insofern konstant aufgebaut, als Zahlungen von Seiten der Kunden immer umgehend zu erfolgen hatten. »Wann wirst du die Bankanweisung tätigen, heute Morgen oder erst am Nachmittag«, hatte *Carter* ihn beispielsweise gefragt und mit einem freudigen »Yea, Yea« geantwortet, als Mike ihm den Vollzug der Zahlung bestätigt hatte. Eine Zahlung an Mike hatte keiner der Berater jemals veranlasst, versprochen hingegen hunderte Mal. Das war die typische Einseitigkeit des Modells, die Mike zu überwinden versuchte, die Firma einmal zu einer Zahlung zu veranlassen. Bis zum Schluss indessen ohne Erfolg.

Fallen stellen

Wenn Mike zurückblickt, wird ihm klar, dass er von Anfang an in eine immer wieder verlängerte Falle gelockt wurde. Das begann mit dem Tausch seiner Nvidia- in Nano-Aktien bzw. Fonds und seiner ungefragten Kategorisierung als quasi institutioneller Anleger. Zu diesem Schritt hatte er nie sein Einverständnis gegeben. Im Gegenteil, er hatte *Belmonte* damals geschrieben, ihm das Geld aus dem Verkauf der Nvidia-Wertpapere umgehend zu retournieren. Vielleicht hatte er nicht energisch genug nachgesetzt, jedenfalls wurde er schon kurz nach dem Tausch aufgefordert, seinen Aktienbestand auf 100'000 aufzustocken, dann folgte *Carters* Geniestreich, als er Mike anbot, die fehlenden Wertpapiere als C-Aktien zu erwerben, welche später gegen Aufpreis in A-Aktien umgetauscht werden mussten.

Einen ähnlichen Ansatz wählte *Tanner*, als er Mike anbot, seine Nano-Papiere in Cat-Aktien zu transferieren. Da diese nur im Paket von 2'500 Stück gehandelt würden, ergab sich bei einem Stückpreis von 78.91 Dollar eine Differenz von 8'275.00 Dollar, die Mike vor dem Exit hätte begleichen müssen.

Hamilton machte Mike einen ähnlichen Vorschlag, wählte dafür aber einen Umweg, um ihm aus der Patsche zu helfen. Der Minimalbetrag, den Mike investieren sollte, um seine Nano-Aktien in börsengängige Papiere (Voya Prime Rate Trust/PPR) zu tauschen, betrug lt. *Hamilton* entweder 150'000 Dollar oder 50'000 Aktien. Da Mike über beides nicht verfügte, schlug er ihm einen Ausweg vor: Mit einem Depot von fünf Prozent auf dem investierten Wert könne er sich von den Mengen-Einschränkungen befreien und ohne Umweg zur Auszahlung seiner PPR-Aktien gelangen. Fünf Prozent von 113'000 Dollar seien 5650 Dollar, rechnete ihm *Hamilton* damals vor.

Auch die Differenzierung zwischen A- und C- sowie zwischen direkten und indirekten Aktien war eine undurchsichtige Vorlage, um zusätzliche Forderungen zu ermöglichen. »Deine Aktien sind C-Aktien. Für den Verkauf brauchst du aber A-Aktien«, hatte *Rooney* Mike zu verstehen gegeben. »C-Aktien können nur von Hedgefonds, institutionellen Anlegern etc. gehandelt werden. Der Handel von A-Aktien geschieht am Aktienmarkt.« Die Umwandlung sei rasch erledigt, versicherte er und koste nur 10 Cents pro Aktie. Für Mike summierten sich diese 10 Cents allerdings zu 22'000 Euro. Immerhin, »nach dem Eingang des Geldes werde ich dich umgehend auszahlen und 465'900 Euro auf dein Konto überweisen.« Mike hätte *Rooney* um den Hals fallen können, wenn er die Zusage geglaubt hätte... Die Bedingung, erst zahlen, dann kassieren, galten für Mike vom ersten bis zum letzten Tag, nur dass er nie einen Cent kassiert hatte.

Vertrauen und Respekt

Alle Personen, mit denen Mike sprach, gaben vor, ehrenhafte Gentlemen und Ladies zu sein. Einige kamen so richtig ins Philosophieren, wenn es um dieses Thema ging. »Was wir hier besprechen, basiert auf Vertrauen und Respekt«, hatte *Carter* ihm auf eine entsprechende Frage geantwortet und damit garantiert, dass Mike sein Geld in einer Woche auf seinem Konto haben werde.

Argumentierte Mike kritisch und formulierte seine Erwartung, dass er sein Geld wohl nie mehr wiedersehen werde, waren die Gegenüber jeweils enttäuscht bis entrüstet. »Mein Berufsverständnis beruht auf Vertrauen. Wenn du einem Menschen keine Chance gibst, seine Vertrauenswürdigkeit zu beweisen, wird er nie das Recht haben, diese zu bestätigen«, hielt *Carter* beispielsweise dazu fest. »Alles was wir benötigen, ist etwas Vertrauen. Von Gentleman zu Gentleman verspreche ich dir zu hundert Prozent, du wirst dein Geld erhalten. Aber sag' mir jetzt, wann du zahlen wirst.« Mit diesen Worten hatte auch *Belmonte* auf der Vertrauenswelle gesurft, im Nachsatz aber klipp und klar dargestellt worum es ihm ging. Oder *Rooney*: »Nach dem Eingang des Geldes werde ich dich umgehend auszahlen und 465'900 Euro auf dein Konto überweisen… Es wäre für mich eine ausgesprochene Freude, sollte ich die verantwortliche Person sein, die dich von dieser Achterbahnfahrt erlöst. Bitte habe noch etwas Geduld.« Ähnliche Versprechen hatte jeder der Gesprächspartner Mike gegenüber gemacht.

Als besondere Methode, sich Mikes Vertrauen zu sichern, entpuppten sich Gespräche mit Einblicken in private und persönliche Belange. Hier ging *Belmonte* besonders weit, indem er seine Frau und seine beiden Töchter ins Spiel brachte und Mike über seinen familiären Hintergrund ins Bild setzte. Er habe einen Anruf aus London erhalten und sofort angedockt, obwohl er mit seiner Familie über Weihnachten nach Brasilien in die Ferien fahren wollte, hatte *Axelman* argumentiert. Wenn er könnte, würde er Mike sofort helfen, aber es gebe eine ganze Reihe andere Klienten, deren Probleme er mit seinem Team noch vor Weihnachten zu beseitigen habe.

Andere bauten ihre Argumentation auf Mikes aktueller Lebenssituation auf und sicherten ihm zu, dass sie alles daran setzen würden, ihm in dieser Lage selbstlos zu helfen. So hatte die SGI nach Aussage von *Belmonte* die Kosten für die Mike in Rechnung gestellten Gebühren (Fees) in Höhe von 36'500 Dollar übernommen, weil Mike die nicht selbst stemmen konnte. *Axelman* schlug vor, den Marging Account (das Trading Konto) seines Unternehmens in Anspruch zu nehmen, um 88'000 von 100'000 Nano-Aktien zu kaufen, so dass Mike nur noch 12'000 Anteilscheine à 50 Cents erwerben musste, um das geforderte Paket abzurunden. *Hamilton* bot Mike schließlich an, seine Nano-Aktien für 113'000 Dollar abzukaufen, um sie in börsengängige Papiere zu tauschen. Durchwegs großzügige Vorschläge, die alle nur einen Haken hatten: Vor jeder versprochenen Aktion sollte Mike erst einmal tief in die eigene Tasche greifen.

Vor mir die Sintflut

Hat man mit unzufriedenen Kunden zu tun, ist es vielleicht naheliegend und verlockend, sich mit der Unzuverlässigkeit und fehlenden Professionalität seiner Vorgänger im Amt zu entschuldigen. Doch es ist auch billig, sich auf Kosten Abwesender profilieren zu wollen, außerdem schadet es der Reputation des Geschäfts (sofern das noch aktiv ist). Immerhin mag es gelingen, mit dieser Methode die Sympathie und das Vertrauen der Kunden wieder aufzupäppeln. *Daniel G. Barrington* hatte jedenfalls keine Skrupel, diesen Weg zu gehen. Nach der Übernahme der WARREN GLOBAL GROUP durch die STERLING GROUP INTERNATIONAL versuchte er Mike klarzumachen, dass nach der Akquisition eine ganze Reihe von Problemen aufgetaucht seien, die der Käufer nun zu lösen hatte. »Ich will nicht behaupten,« so *Barrington*, »dass wir WARREN GLOBAL besser nicht gekauft hätten, aber wir waren schon sehr enttäuscht darüber, wie deren Berater mit ihren Kunden umgegangen sind.« Mit den institutionellen Kunden hätten sie keinerlei Probleme gehabt, doch bei den Retail-Kunden, den kleineren privaten Anlegern, seien sie immer wieder auf unzufriedene Klienten gestoßen.

Auch *Richard Rooney* schlug diesen Weg ein, als er Mike auf eine weitere Reise ins Glück einlud. Erst einmal entschuldigte er sich für den bisher wohl nicht zufriedenstellenden Service, den Mike von seinen Vorgängern erfahren habe. Erst dann brachte er seinen eigenen Vorschlag zur Sprache. Last but not least war es *Michael Logan*, der sich entsprechend erklärte: Kürzlich sei ihm die Verwaltung von Mikes Konto übertragen worden. »Ich bin sicher, dass du – so wie ich selbst – sowohl Frustration als auch Unzufriedenheit darüber empfindest, wie dein Konto in der Vergangenheit gemanagt wurde und in welch einem Stagnationsstadium es sich zurzeit befindet.« Das werde er ändern.

Wer den Text bis hier gelesen hat, weiß, dass es weitere analoge Textpassagen gibt, Mikes Stagnationsstadium aber bislang nicht beendet wurde. Alles nur leere Versprechungen.

Bist du jetzt glücklich?

Diesen Satz »bist du nun glücklich« hörte Mike des öfteren. Und zwar vor allem dann, wenn er einem Vorschlag, meist einer neuen Geldforderung, nachgegeben und versprochen hatte, den vorgeschlagenen Weg einzuschlagen resp. das Geld zu überweisen.

»Bist du nun glücklich, endlich aus der Starre weg- und dein Geld wieder unter Kontrolle zu bringen?« Diesen Schlussstrich zog *Hamilton* unter ein Gespräch mit Mike. Ähnlich formulierte es *Barrington*: »Ich drücke dir die Daumen und freute mich. Bist du auch glücklich über diesen Entscheid?« Ja, er sei zufrieden und werde das Geld organisieren, lautete die Antwort von Mike. Und auch *Belmonte* schloss mit dieser Floskel gern den Dialog, womit er gleichzeitig dem moralischen Druck auf Mike, seine Zusage einzuhalten, Nachdruck verlieh.

Schlussfolgerung

Mike hat während drei Jahren mit zehn Beratern der drei Organisationen Warren Global Group, The Sterling Group International und Global Alliance Capital diskutiert und um einen Ausweg aus seinem Dilemma gerungen. So freundlich und hilfsbereit sie in der Regel auch auftraten und so groß Mikes Skepsis während der ganzen Zeit war, so überzeugt ist er heute, dass er tatsächlich kriminellen Tätern aufgesessen war. Die Erfahrung ist zu einseitig, als dass er sich heute noch immer würde täuschen lassen. Heute geht er davon aus, dass

- er gezielt und ohne explizite Zusage auf die Nano-Schiene gesetzt wurde, weil sich dort zahlreiche Entwicklungsvarianten aufbauen ließen, die ihn immer wieder vor neue Zahlungsentscheide stellten.

- die überraschende Einsicht *Carters*, mit dem Ankauf der direkten Nano-Aktien habe es sich um ein Missverständnis gehandelt – gerade war es noch eine geniale Idee – und Mike müsse nun halt auch noch die zweiten 50 Prozent zukaufen, gespielt war.

- Nano MediTech ein erfundenes virtuelles Projekt ist, Mike also nie Aktien und/oder Fonds eines realen Unternehmens besessen hatte.

- die Einladung, sich die eigene Beteiligung von Nano via Mail bestätigen zu lassen, ein simpler Trick war. Die Mail ging zwar an Nano, aber eben an deren Betreiber, also die SGI, die auch die Nano-Website entwickelt und publiziert hatten. Von dort kam auch die Antwort. Die Aussagen der Berater über die Entwicklung von Nano und über den Preis der Aktien waren eher konfus und nicht abgestimmt, die Warnung vor Finanzhaien und einem Asset Stripping des Unternehmen war der Versuch, Druck zu machen und sich pro forma schon mal aus der Verantwortung zu stehlen.

- Dokumente, die ihm zugestellt wurden wie der Letter of Liquidation im eigenen und im Namen der Mauritius Commercial Bank sowie der Text über die Regulierung von Hedgefonds Fees, der von 18 renommierten Finanzunternehmen/Banken sowie Rechtsberatern mit ihrem Logo gezeichnet waren, nichts als dreiste Fälschungen waren.

- die Statements of Account keine Kontoauszüge einer Depotbank sondern simple Computerausdrucke waren/sind, die jeder auf einem Rechner herstellen und ausdrucken kann.

- die Visitenkarten, die Mike zugestellt wurden, auf frei erfundene Namen und Funktionen lauten.

- der Hinweis, ihre Organisation beschäftige über 60 Mitarbeiter und zähle mehrere tausend Kunden, nur dem Ziel diente, Eindruck zu erzeugen.

- die Postadressen und Standorte der drei Organisationen ebenfalls virtueller Natur waren/sind. Mikes eingeschriebener Brief kam nicht aus Versehen zurück.

- die Vorstellung, die Arbeitsplätze der Berater seien in Hong Kong oder Tokyo zu suchen, abwegig ist. Typische Tageszeiten der Mail-Eingänge und Telefongespräche, die Mike über Jahre notiert hat, waren die Nachmittagsstunden, dreizehn Uhr und später MEZ. In Hong Kong und Tokyo war es da schon spät abends bis nachts. Und um diese Zeit bricht niemand mit seiner Frau ins Wochenende auf...

Die Liste ließe sich beinahe beliebig verlängern. Aber »genug ist genug«, um nochmals *Daniel G. Barrington* zu zitieren. Mike ist natürlich über das Geld, das ihm abgenommen wurde, erschüttert, aber mehr noch über die Art und Weise, wie dies geschah: Alles unter dem Mantel von Seriosität und Ehrlichkeit. Im Laufe der Zeit passten alle Mosaiksteinchen zusammen und das Ganze entpuppte sich als große Lüge. Mike hat viele Telefongespräche aufgezeichnet. Wer hören will, wie die Herren im Originalton argumentieren und reden, kann dies tun. Mit einer Mail an *mikemeyer@gmx.net* kann man sich Auszüge aus den Mitschnitten zum Download (gegen einen kleinen Obolus) bestellen. Wer sich die Stimmen und Aussagen gut einprägt, schützt sich selbst vor einer Achterbahnfahrt, wie sie Mike erlebt und wahrheitsgetreu geschildert hat, wobei man unbedingt bedenken sollte, dass die drei hier vorgestellten Entitäten nur eine kleine Auswahl aus der Meute darstellt, die sich zurzeit im Web tummelt.

Zum Schluss ein Tipp: Sollte sich bei Ihnen ein Offshore-Vermögensberater unangemeldet am Telefon melden, lassen Sie sich erst gar nicht auf ein Gespräch ein. Wer, wie Mike, das Gegenüber ausreden lässt, hat nämlich so gut wie verloren.

Teil III

DOKUMENTE UND TABELLEN

First Page	Next Page	Previous Page	Last Page		Print Form

WARREN GLOBAL GROUP

International Commerce Centre, Union Square, Yau Tsim Mong, Kowloon, Hong Kong
Maxdo Centre, 8 Xing Yi Road, Changning, Puxi, Shanghai, P R China
Exchange Square 2, 97 Song Ren Road, Xinyi, Taipei 110 Taiwan
Shinjuku Maynds Tower, 2-1-1 Yoyogi, Shibuya-ku, Tokyo, Japan
Tel: +852 3015 0475 ; Email: accounts@warrenglobalgroup.com

Account Application Form

Thank you for your interest in applying for an Account

In order to apply for an Account, you need to complete, sign & date our Account Application Form. It should only take 5-10 minutes to complete the Account Application Form although it is important that you complete the form fully and accurately.

You can either complete the form on your computer & email directly to us using a digital signature, or you can simply print the form and complete by hand, before scanning and emailing the completed form to our offices.

We are here to help. If you require any assistance completing the Account Application Form, please contact your Account Manager who will be pleased to help.

Account Application

Account Number	9152961
Account Manager	John Spence

Account Type

☒ Individual	Please enter your Full Legal Name as per your Passport below, and proceed to complete the Primary Accountholder Details
☐ Joint	Please enter your Full Legal Names as per your Passports below, and proceed to complete the Primary & Joint Accountholders' Details
☐ Corporate	Please enter the Full Legal Name of the Company as per your Memorandum & Articles of Incorporation and your Company Details below
☐ Trust	Please enter the Full Legal Name of the Trust as per your Memorandum & Articles of Incorporation and your Trust Details below

Full Legal Name

Please enter the Full Legal Name of the Owner of this Account. If you are applying to open an Individual or Joint Account, please enter your Full Legal Name(s) as per your Passport. If you are applying to open a Corporate or Trust Account, please enter the Full Legal Name of the Company or Trust, as per your Memorandum & Articles of Incorporation.

Individual and Joint Accountholders

If you are applying to open an Individual or Joint Account, please skip the next section and proceed to complete the Primary (and Joint) Accountholder Details on the next page.

Corporate and Trust Details

If you are applying to open a Corporate or Trust Account, please enter the Address and Registration Details of your Company or Trust in the section below.

Address		City	
		Postcode	
Country		Company No.	
Company Type		Nature of Business	
Authorised Contact		Position in Company	

Page 1 of 4

1. Seite des Anmeldeformulars der Warren Global Group: Mikes Eintrittskarte für die Achterbahnfahrt

73

Banken und Begünstigte der von Mike erhaltenen Remittance

Beneficiary Bank Name:	Beneficiary Bank Address:	Beneficiary Account Name:	Beneficiary Account Address:
HSBC Hong Kong	1 Queens Road Central Hong Kong Hong Kong	PRO-NICE LIMITED	10D Xinsha Road, Gao er fu Hua Yuan, Lu Zhi Xuan10d, Futian China
Bank of China Macau Branch	Avenida Doutor Mario Soares Macau	KINGS SUN LIMITED	Avenida Da Praia Grande 16, A&B, Macau
Bank of China Macau Branch	Avenida Doutor Mario Soares Macau	KINGS SUN LIMITED	Avenida Da Praia Grande 16, A&B, Macau
Bank of China Macau Branch	Avenida Doutor Mario Soares Macau	KINGS SUN LIMITED	Avenida Da Praia Grande 16, A&B, Macau
China Construction Bank (Asia) Corp. Limited	20/F, CCB Centre, 18 Wang Chiu Road Kowloon Bay, Kowloon	SOLUTION DIRECT LIMITED	11 Duddel Street Central Hong Kong
Ping An Bank, H.O Offshore Banking Department	11/F, No.5047, Road Shennan Dong Shenzhen, P.R. China	KQ ELECTRONICS (HK) HOLDINGS LIMITED	Ho King Comm CTR 2-16, Fayuen Street, Mongkok Kowloon
Hang Seng Bank	83, Des Voeux Road, Central Hong Kong	HK HAILETAO CROSS-BORDER E-COMMERCE LIMITED	7F 33 Mong Kok RD KLN Hong Kong
Hang Seng Bank	83, Des Voeux Road, Central Hong Kong	HK HAILETAO CROSS-BORDER E-COMMERCE LTD	7F 33 Mong Kok RD KLN Hong Kong
ICBC Macau	ICBC Tower, Macau Landmark, 555, Avenida Da Amizade, Macau	LONG WILL LIMITED	Avenida Da Praia Grande 16 A&B Macau
Cathay United Bank	3F, No.65, GUAN Chien Rd., Taipei, Taiwan R.O.C.	CELESTIAL TRINITY LIMITED	Taipei, Taiwan
Cathay United Bank	3F, No.65, GUAN Chien Rd., Taipei, Taiwan R.O.C.	CELESTIAL TRINITY LIMITED	Taipei, Taiwan
Agricultural Bank of ChinaL Guang Dong Branch Beixiu Sub Branch	No 133 Xiaobei Road Yuexiu Dist Guangzhou China	SIM PARTNERS LIMITED	Room1502©, Easey Comm Bldg 253-261, Hennessy rd, Wanchai, Hong Kong

Instructions (die hervorgehobenen Beträge hat Mike überwiesen)

Stock	Beneficiary Account Number:	Swift Code:	Remittance Amount:
Nvidia	582-301727-838	HSBCHKHHHKH	**USD 41,571.60**
Nano	27-88-10-062274	BKCHMOMX	**USD 8,928.40 / EUR 8,191.19**
Cash-Dep.	27-88-10-062274	BKCHMOMX	**USD 16,800.00 / EUR 15,000.00**
Sec.-Dep.	27-88-10-062274	BKCHMOMX	USD 33,350.00 / EUR 30,045.05
Fees	64012465494	CCBQHKAX	USD 18,062.24 / EUR 16,127.00
Sec.-Dep.	1101060 3217401	SZDBCNBS	**EUR 10,203.00**
Nano 0.5	774-514996-883	HASEHKHH	**USD 10,930.50 / EUR 9,759.37**
Nano 1.13	774-514996-883	HASEHKHH	**USD 15,978.59 EUR 14,016.31**
Sec.-Dep.	011910010000 5181436	ICBKMOMX	USD 70,625.00 / EUR 62,500.00
Sec.-Dep.	033087271400	UWCBTWTP	USD 70,625.00 / EUR 62,500.00
Cost.	033087271400	UWCBTWTP	USD 5,320.00 / EUR 4,750.00
Nano A	NRA4403131404 8401101	ABOCCNBJ190	EUR 22,000.00

Beneficiary Bank Name:	Beneficiary Bank Address:	Beneficiary Account Name:	Beneficiary Account Address:
HSBC Hong Kong	1 Queens Road, Central, Hong Kong	Sino Ocean Resource Limited	RM 802 NO 3 Building Wanke Xingyuan Anli Road Chaoyang Dist China
National Bank of Abu Dhabi	H.O. Sheikh Kalifa Street T	Emerald Hill Partners Limited	7 Al Asayel St, Bay square, Building 02 8th floor, Business bay, Dubai, United Arab Emirates

Remittance Instructions der
- Warren Global Group (o.r.)
- Sterling Group International (u.l.)
- Global Alliance Capital (u.r.):
Frappante Übereinstimmung

BANK OF CHINA MACAU BRANCH

REMITTANCE INSTRUCTIONS

Please present this remittance instructions to your bank to be completed as written below, this will ensure swift credit of your payment.

Beneficiary Bank Name: BANK OF CHINA MACAU BRANCH
Beneficiary Bank Address: Avenida Doutor Mario Soares Macau

Beneficiary Account Name: KINGS SUN LIMITED
Beneficiary Account Address: Avenida Da Praia Grande 16, A&B, Macau

Beneficiary Account Number: 27-88-10-062274
Currency: MULTI CURRENCY

Swift Code: BKCHMOMX

REASON FOR PAYMENT / COMMENTS / MESSAGE: Invoice Ref. Number
PLEASE ONLY USE   "9152961 - JNAUMANN"

Remittance Am

AGRICULTURAL BANK OF CHINA GUANGDONG BRA

REMITTANCE INSTRUCTIONS

Please present this remittance instructions to your bank to be complete this will ensure swift credit of your payment.

Beneficiary Bank Name: AGRICULTURAL BANK OF CHINA GUANG
Beneficiary Bank Address: No 133 Xiaobei Road
Yuexiu Dist
Guangzhou
China

Beneficiary Account Name: SIM PARTNERS LIMITED
Beneficiary Account Address: Room 1502(c),
Easey Comm Bldg 253-261,
Hennessy rd,
Wanchai,
Hong Kong

Please pay in USD only !

Beneficiary Account Number: NRA44031314048401101
Currency: USD

Swift Code: ABOCCNBJ190

REASON FOR PAYMENT / COMMENTS / MESSAGE:
PLEASE ONLY USE   "9152961"

Remittance Amount: EUR 22 000.00

NATIONAL BANK OF ABU DHABI

REMITTANCE INSTRUCTIONS

Please present this remittance instructions to your bank to be completed as written below, this will ensure swift credit of your payment.

Beneficiary Bank Name: NATIONAL BANK OF ABU DHABI
Beneficiary Bank Address: H.O. SHEIKH KALIFA STREET

Beneficiary Account Name: EMERALD HILL PARTNERS LIMITED
Beneficiary Account Address: 7 Al Asayel St, Bay square,
Building 02 8th floor,
Business bay,
Dubai,
United Arab Emirates

Beneficiary Account Number: AE460350000006207896286
Currency: USD
Beneficiary Account Number: AE070350000006207896309
Currency: EUR

Swift Code: NBADAEAA

REASON FOR PAYMENT / COMMENTS / MESSAGE:
PLEASE ONLY USE   "9152961"

Stock	Beneficiary Account Number:	Swift Code:	Remittance Amount:
Nano	808749527838	HSBCHKHHHKH	**USD 16,983.81 / EUR 15,029.92**
CashBond	AE46035000000 6207896286 (USD) AE07035000000 6207896309 (EUR)	NBADAEAA	USD 5,650.00 / EUR 5,000.00

STERLING
GROUP INTERNATIONAL

Approved & Recognized Regulations for Hedge Fund Fees Q1 2015 – Codes & Practices
#D8CA5A03-E145-4C6C-B83B6A54C0A2125E

For institutional investors, understanding the new structure of fees and expenses they may be expected to pay to hedge fund managers is critical in making well-informed decisions. However, getting the full picture of the various expenses is rarely easy and requires careful review and analysis during initial and ongoing investment manager due diligence.

There are essentially three levels of fees and expenses paid by hedge fund investors:

1. Investment Advisory Fees – paid to the investment manager for its investment management services;

2. Fund Expenses – paid at the fund level to service providers, or for maintaining the fund entity;

3. Indirect Costs – less transparent cost[...] trading commissions and prime[...]

Investment [...]

STERLING
GROUP INTERNATIONAL

Due Diligence – Ensuring that alignment of interests persists

Outside of evaluating the manager's ability to continue performing with increased assets, other factors should be considered as part of the ongoing due diligence process. The portion of management fees reinvested in the funds should be monitored by reviewing year-end fund financial statements and having conversations with the manager's Chief Financial Officer. As managers and affiliates add capital, they begin to realign their interests with investors.

It is important to know not only what is put into a fund by the manager, but also what is taken out. Redemption terms should be examined as part of the offering document terms review so investors understand what rights are applied to the manager and whether there are any formal communications or advanced notices to investors that are triggered when the manager plans to redeem capital. It should also be known whether the manager has preferential liquidity terms; is the manager subject to the same withdrawal terms as investors, and if not, why not? Fairness and alignment of interests between managers and investors is a powerful relationship, one that should be measured and monitored on an ongoing basis.

Fund Expenses

Overview – Understanding the other costs

Beyond the management fee, the most common costs and fees borne directly by the fund are for annual audit and tax work (for onshore funds), third-party administrator costs, legal fees, and offshore fund directors fees. These expenses are generally considered appropriate; they provide [ser]vices directly to the fund itself and not to the investment manager. What makes this aspect of [exp]ense due diligence crucial is that there are no set standards for what can or cannot be [...]gh to investors. In fact, fund pass-through [...]

STERLING
GROUP INTERNATIONAL

Expenses are not always easy to quantify, but there are methods to gain greater clarity around what investors are really paying for and whether managers have appropriate procedures in place to control, review, and manage expenses with the best interests of their investors in mind.

It is important to note that expense policies are not set in stone, and investors should not always accept things as they are. A coordinated effort among investors could encourage managers to rethink policies concerning certain expenses that can raise conflict of interest issues or are meaningfully outside expectations in the types of expenses charged and/or the economic impact they have on investor accounts.

Supporting & Recognized Advocates and Associations

Renommierte Unternehmen bestätigen mit ihren Logos die Fees von Hedgefonds wie The Sterling Group International...

[...] interest. For example, is the manager motivated to [...]use these expenses do not directly affect their bottom line? The [...]enses that can be passed through to funds should be fully disclosed and [...]vel of detail and clarity.

[...]xpense policies is that there is generally no defined cap or limit on the [...]an have on investor capital. And, even if the pass-through expenses [...]orically, there is nothing to prevent [...] manager from increasing [...] within the general guidelines [...] in the fund offering

[...]L: +81 3 6745 5309

[...]hesterlinggroupinternational.com

Shinjuku Center Building
1 Chome-25-1
Nishishinjuku
Shinjuku-ku
Tokyo 160-023
Japan

STERLING
GROUP INTERNATIONAL

Mr. .   22nd February 2016

Account Ref: 9152961

Dear Mr.

It was a pleasure to speak with you today. As per our conversation I am happy to act on your behalf and am ready to continue management on all further trades upon your confirmation of approval to this mail.

<u>Terms of Engagement</u>

1. I require your signature to start actively working for you in future business. My fees for the service will be taken upon liquidation of any stock sold.

2. I formally request a "reasonable" portion of any profit generated from any sale to be re-invested directly back with me.
"Reasonable 40-50% of profit"

If you are happy with these terms please sign and return. I will be happy to act on your behalf and look forward to engagement of our successful partnership.

With best regards

Warren Carter

Head of Institutional Trading
Sterling Group International

_____
Client Signature

Mit den Terms of Engage-
ment wollte Warren
Carter Mike verpflichten,
einen erheblichen Anteil
seines Gewinns über ihn
zu reinvestieren. Erst
gemeint oder nur Beruhi-
gungspille? (o.l.)

Im Schreiben Settlements
Figures versprach Daniel
G. Barrington, Mike
250'000 Euro zu zahlen,
nachdem dieser Fees in
Höhe von 4750 Euro
überwiesen hatte. (u.r.)

STERLING
GROUP INTERNATIONAL

28th September 2016

Settlement Figures

Mr.

Sterling Group International formally undertakes that upon the outstanding balance of €4,750.00 for the settlement of costs to complete your account, all investment capital and trade profits will be released on or before trading week 42.

Details of release account.

• Registered account holder	: MR. JOERG THOMAS NAUMANN
• Release Amount	: €250,000.00
• Repatriation Amount After Deductions	: €250,000.00
• Banking fees	: €1,174.43 } To be paid by client prior to disbursement
• Legal fees	: €525.00 } To be paid by client prior to disbursement
• Escrow	: €1,660.61 } To be paid by client prior to disbursement
• Handling fees	: €1,306.20 } To be paid by client prior to disbursement
• Wire transfer	: €83.89 } To be paid by client prior to disbursement

Repatriation Timeframe

• Please note full proof of ownership documents will be forwarded to the escrow within 72 hours upon clearance of your funds. (Sterling Group International will provide)

• 100,000 shares of NANO sold at €2.50 will be cashed out within the agreed time frame upon clearance of your clearing fee payment and the funds will be repatriated to an account of your choice.

This transaction is the final phase of the release of funds. Your efforts in particular have and are greatly appreciated within this matter and we look forward to presenting to you proposals for further investment in 2017.

• Return payment of your final balance €250,000.00 will be remitted on or before Trading week 42. Please allow 3 days release date for the funds to be cleared onto your domestic account.

Please understand that <u>**this trade is strictly controlled by a non-disclosure agreement**</u> and all aspects i.e. selling prices, volume of trade and identity of buyer are strictly limited by this agreement.

AGREED AND AUTHORIZED THIS DAY OF WEDNESDAY 28TH SEPTEMBER 2016 AT STERLING GROUP INTERNATIONAL OFFICES IN TOKYO, JAPAN.

Daniel G. Barrington

Director of Portfolio Structuring & Management
Sterling Group International

STERLING
GROUP INTERNATIONAL

LETTER OF LIQUIDATION

The Sterling Group International
Shinjuku Center Building
1 Chome25-1
Nishishinjuku
Shinjuku-ku
ZIP - 160-0023
Tokyo-to – Japan

Mr. Naumann,

This letter will serve as your notification that Sterling Group International and Mauritius Commercial Bank or "the bank" will irrevocably honor the liquidation of 100,000 shares of NANO at a par value of €1.00. A total remittance in the amount of €100,000.00 from account number 9152961 will be executed within 72 hours from the clearance of your payment in the amount of €150,000.00.

Be advised you will be sent a document from the remitting bank this document will outline.

1) Your account details
2) Senders account details
3) Amount being transferred
4) Reason money being transferred
5) Reference number / Tracking code

After you have confirmed your bank account details are current, accurate and valid your funds (€150,000.00) are remitted by EFT (Electronic Funds Transfer).

Upon confirmation that you have received your funds you will be sent a stock transfer of ownership form this document will transfer ownership of your shares, to the buyer.

The amount of €150,000.00 will be remitted to the bank specified by yourself on trading week 50, of 2016.

Max Axelmann

Chief Risk Officer and Partners
Sterling Group International

*Please be advised that I will forward to you under separate cover a breakdown of the required fees after the clearance of the management fees.

Leider konnte sich die von Mike angefragte Mauritius Commercial Bank nicht mit diesem Schreiben von Max Axelman, dem Chief Risk Officer der Sterling Group einverstanden erklären und riet ihm, das Schreiben dem (digitalen) Papierkorb zu übergeben.

Welcome Letter der Global Alliance Capital, die noch immer die 100'000 Nano-Aktien von Mike in ihren Büchern führt...

GLOBAL
ALLIANCE CAPITAL

Global Alliance Capital, Akasaka K TOWER, Minato-ku, Tokyo, Tokyo-to, Japan
Telephone: +81 3 6745 8639 | Email: info@globalalliancecapital.com

Dear Client,

Global Alliance Capital would like to take this opportunity to welcome you as a client and tell you more about our services.

With a track record spanning decades of expansion, innovation and success, Global Alliance Capital is now one of the world's leading private investment firms. Our team has attracted long term relationships with high profile partners and gained considerable expertise in the process.

Global Alliance Capital is the product of a series of mergers of private wealth management, investment trading and research firms which resulted in the formation of Global Alliance Capital in 2006. Since then, we expanded the range of our services to include private clients such as family trusts and high-net-worth-individuals, providing

...decades to come. From our humble ...ance Capital has always aimed to be the

...bal Alliance Capital and we look ...rking relationship with you. We are the ...erienced guide that provides a glowing ...uality investments. Our Client Relationship ...the best investment advice, but also the

...elationship Manager who will also be a ...ntly hold. Your Client Relationship ...f your current financial situation and the ...ssess your financial needs and investment ...lient will be the foundation upon which ...s established, and your Client Relationship ...ancial future for you and your family.

Best Regards,
Client Relationship Team
Global Alliance Capital

Whois-Einträge *(Die Angaben von Warren Global sind nicht verfügbar, dürften aber den beiden letzten gleichen...)*

Domain Name:	nanomeditech.com	globalalliancecapital.com	thesterlinggroupinternational.com
Registrar WHOIS Server:	whois.godaddy.com		
Registry Domain ID:	1886895972 DOMAIN COM-VRSN	311579829 DOMAIN COM-VRSN	206062002 DOMAIN COM-VRSN
Registrar URL:	http://www.godaddy.com		
Updated Date:	2018-01-10 T14:32:25Z	2019-01-10 T11:27:22Z	2017-11-30 T10:40:34Z
Creation Date:	2014-11-24 T06:56:06Z	2006-01-10 T01:57:45Z	2005-09-07 T18:23:25Z
Registrar Registration Expiration Date:	2020-ll-24 T06:56:06Z	2020-01-10 T01:57:45Z	2019-12-07T 04:59:59Z
Registrar:	GoDaddy.com		
LLC Registrar ID:	IANA ID: 146		
Registrar Abuse Contact Email:	abuse@godaddy.com		
Registrar Abuse Contact Phone:	+1.4806242505		
Domain Status:	clientTransferProhibited http://www.icann.Org/epp#clientTransferProhibited		
Domain Status:	clientUpdateProhibited http://www.icann.Org/epp#clientTransferProhibited		
Domain Status:	clientRenewProhibited http://www.icann.Org/epp#clientTransferProhibited		
Domain Status:	clientDeleteProhibited http://www.icann.Org/epp#clientTransferProhibited		
Registrant Organization:	NanoMediTech Limited	Domains By Proxy, LLC	
Registry Registrant ID:	k.A.	Not Available From Registry	
Registrant Name:	k.A.	Registration Private	
Registrant State:	Seoul	Arizona	
Registrant Country:	KR	US	
Registrant Street:	k.A.	14455 N. Hayden Road	
Registrant City:	k.A.	Scottsdale	
Registrant Postal Code:	k.A.	85260	
Registrant Phone:	k.A.	+1.4806242599	
Admin Name:	k.A.	Registration Private	
Admin Organization:	k.A.	Domains By Proxy, LLC	
Admin Street:	k.A.	14455 N. Hayden Road	
Admin City:	k.A.	Scottsdale	
Admin State/Province	k.A.	Arizona US	
Admin Phone:	k.A.	+1.4806242599	

Zeitfracht Medien GmbH
Ferdinand-Jühlke-Straße 7
99095 Erfurt, Deutschland
produktsicherheit@kolibri360.de